시공간 압축

맑스주의 지리학자 데이비드 하비 입문

시공간 압축

초판 1쇄 발행   2024년 9월 9일

지은이   김창현
펴낸이   김선기

이사   조도희
편집   이선주, 고소영
교정   김란
디자인   조정이
그림   다슬
펴낸곳   (주)푸른길

출판등록   1996년 4월 12일 제16-1292호
주소   (03877) 서울시 구로구 디지털로 33길 48 대륭포스트타워 7차 1008호
전화   02-523-2907, 6942-9570~2
팩스   02-523-2951
이메일   purungilbook@naver.com
홈페이지   www.purungil.co.kr
ISBN   979-11-7267-015-3   03990

시공간 압축

explanation in
GEOGRAPHY

푸른길

·차 례·

서문 _6

양배추와 감자만 먹다가 가출하다 _12
박사학위 논문: 19세기 켄트 지방의 농촌 홉(hop) 생산의 변화 _16

데이비드 하비 저작(박사학위 이후)

첫 저작: 『지리학에서의 설명Explanation in Geography』(1969) _21
『지리학에서의 설명』: 계량혁명 패러다임의 집대성 _27

데이비드 하비, 미국으로 진출하다

배경: 1968년 전후 정치와 경제 상황, 불안한 평화 _42
  철학적 배경: 비판철학과 앙리 르페브르 _48
  1968 사회운동의 전개: "모든 형태의 억압으로부터 해방" _56

『사회정의와 도시』, 1973

하비, 마르크스에 눈뜨다 _62
대학원생은 기숙사에 산다: 데이비드 하비의 입찰지대곡선 비판 _71
"자본주의 도시 과정: 분석을 위한 틀"(1978)로 가기 위해 _80

『자본의 한계』, 1982

『자본의 한계』를 읽기 위한 준비: 마르크스, 『그룬트리세』, 『경제학·
철학 수고』, 『자본론』 _91

칸트의 관념론적 공간론과 마르크스의 역사유물론적 공간론 _98

『자본의 한계』: '고양이똥으로 포장한 개똥'이 위기를 가져온다고? _107

반론: 칼 포퍼의 마르크스 비판과 밥 제솝의 하비 비판, 그리고 나의
비판 _116

마르크스가 주식 투자를 장려한다고? _126

보충 설명: 번역의 한계? _136

데이비드 하비, 영국 옥스퍼드에서 새로운 시작

『포스트모더니티의 조건』(1989): 하비 교수의 출세작! _145

이렇게 쉬운 논지의 책이었다고? _153

언어라는 망할 도구(feat: 나는 스스로 이발할 수 없는 사람만 이발합니
다) _163

사다리 걷어차기: 하비 교수는 왜 조절이론을 차용했는가? _173

데이비드 하비가 파리를 연구하기로 작정한 이유 _186

광화문광장은 서울 시장의 ○○○이다?: 공간의 변증법 _199

방시혁 의장과 뽀로로가 불가지론을 만나게 된 사연 _210

『포스트모더니티의 조건』에 대한 반론: 꿀벌의 노동과 인간의 노동
_223

경제학자가 '시공간 압축'을 이해하지 못하는 이유 _230

나가면서 _239

참고문헌 _247

서문

데이비드 하비에 관심을 가지고 이 책을 펼치신 모든 분께,
안녕하세요. 먼저 제 이야기를 잠깐 해 볼까 합니다. 저는 철
학과 지리학을 좋아하는 학생이었습니다. 지리학과에 입학했
지만, 사실 철학자가 되고 싶은 생각이 굴뚝같았지요. 엉뚱하게
도 대학에 가서 저는 다들 끝장났다고 하는 마르크스Karl Marx
철학에 관심을 가지게 되었습니다.

이 관심이라는 것이 현실에 대한 엄중한 불만이라거나, 세상
을 바꾸고 싶다는 생각에서 비롯됐다기보다는 그냥 마르크스가
남겨 놓은 말들이 그럴듯하고, 세상을 잘 설명해 주는 부분이
있는 것처럼 보였지요. 게다가 사람들이 '마르크스'라고 하면 뭔
가 피해야 할 무엇이라고 생각하는 분위기까지 풍기다 보니, 그

의 철학을 연구한다는 것은 비밀스럽고 성스러운 일처럼 여겨
지기까지 했습니다.

대학교 때 내심 저의 고민은 그런 거였어요. 지리학과에 입학
을 했지만 철학이 좋았고, 경영학과 경제학을 동경했어요. 취직
을 잘하려면 경제학과 경영학을 배워야만 할 것 같았지만, 다른
편에서는 비트겐슈타인Ludwig Wittgenstein 같은 철학자가 되고
싶다는 생각도 했어요. 그런데 저는 지리학과 수업을 듣고 답사
를 다녀야 하는 지리학도였지요. 내심 지리학과가 고향 같은 생
각이 들었어요.

이런 이야기를 하자 한 선배가 그러더군요. "마르크스주의 지
리학을 연구한 데이비드 하비라는 학자가 있다. 그 사람 책을
한번 보면 좋겠다." 입대하기 전 저는 큰마음을 먹고 두 권의 책
을 구입하게 됩니다. 그 두 책이 『자본의 한계』와 『포스트모더
니티의 조건』이었어요.

지금 생각하면 피식 웃음이 나옵니다. 그 나이에 그 어려운 책
을 구매하다니, 대단한 용기입니다! 저는 그때 겨우 스무 살이
었거든요. 『자본의 한계』는 데이비드 하비의 사상의 근간을 이
루는 역작이라면, 『포스트모더니티의 조건』은 그의 출세작이
자, 2023년까지 무려 5만 회가 인용된 초대박 히트작입니다.

시간이 훌쩍 지나, 저는 지리학과 박사과정 학생이 되어 있었

습니다. 『자본의 한계』를 한 세 번 정도 정독한 것 같아요. 대학원생들끼리 모여 이 책을 부분 부분 요약해서 읽기도 하고, 혼자 읽기도 했습니다. 참 어려운 책이에요. 하지만 이 책이 세상을 바라보는 관점은 독특해서 이해할 가치가 있다는 생각이 들었습니다. 그래서 저의 박사논문에 가장 중요한 이론적 근거로 활용됩니다.

구글 학술 검색에서 확인할 수 있는 인용 횟수로 따지면, 데이비드 하비의 저서는 총 35만 회 정도 인용됩니다. 노벨상을 수상한 스타 경제학자인 폴 크루그먼Paul Krugman의 총 인용 횟수는 28만 회, 『이기적 유전자』로 유명한 리처드 도킨스Richard Dawkins의 저작이 약 13만 회(2024년 5월 17일 기준)라는 점을 상기하면 엄청난 숫자입니다. 데이비드 하비는 한국과도 인연이 깊은데, 행정수도 세종시를 설계할 때 그는 국제공모 공동심사위원장을 지냈습니다. 말하자면, 세종시 설계공모안 선정에 그의 생각이 아주 조금 반영되어 있다고 해도 틀리진 않을 것입니다(조선일보, 2015).

사회에 나와서 보니, 데이비드 하비를 아는 사람은 정말 찾기 힘들었습니다. 물론 공간과 환경을 공부하는 사람들에게는 위대한 구루guru이지만, 일반 사람들에게 하비는 '마르크스주의 지리학자'라고 구구절절 설명해야만 아는 사람이었습니다. 사실 뉴욕시립대학교 인류학과에서 꽤 오랜 기간 근무한 '하비가 과연 지리학자인가?'라는 생각이 들기는 합니다.

여하간 데이비드 하비를 한두 줄로 요약한다는 것은 마치 『해리 포터』를 한 줄로 요약해 보라는 것과 비슷하겠지요. 『해리 포터』는 8권밖에 안 되지만, 데이비드 하비 책은 다 셀 수는 없어도 20권은 족히 넘습니다. 게다가 그중 한 권은 5만 회가 인용된 역작이라고요! 참고로 리처드 도킨스의 『이기적 유전자』의 인용 횟수는 4만 회가량 됩니다.

데이비드 하비는 왜 한국에서 그다지 인기가 없는 것일까요? 그가 마르크스의 사상을 연구하는 학자라는 것도 한몫하는 것 같습니다. 일단 마르크스 사상과 관련된 학문은 주류 사회에서 자취를 감추는 경향이 있습니다. 예를 들어, 많은 경제학 교과서에서 마르크스주의에 대한 언급은 약속이나 한 듯 빠져 있지요. 물론 경제학에서 마르크스의 이론이 없는 것에 대해 그럴 만하다고 생각하는 경제학자도 있습니다.

하비가 세계적으로 인정받는 것에 비해 한국에서 유명하지 않은 이유는, 하비를 좋아하는 팬층이 얇고 매니악maniac하기 때문이라고 생각합니다. 그의 책 상당 부분을 번역하신 최병두 교수님을 비롯하여 많은 분들이 하비의 사상을 높게 평가합니다. 사석에서 "아무리 나이가 들어도 그는 지치지 않고 글을 쓰는데 따라가면서 읽고 번역하는 것도 힘든 일이다."라는 말을 들은 적 있습니다. 그만큼 하비가 열정적이고, 아직까지도 번역할 만한 가치가 있는 글을 쓴다는 표현이겠지요? 더 많은 사람들이 하비의 사상이 가지는 중요성에 대해 공감하면 좋겠다는 의미도 있었을지 모릅니다.

저는 한국에서 하비 교수의 사상이 널리 알려지지 않은 이유 중 하나가 하비의 '스토리'에 집중하는 사람이 상대적으로 적었기 때문이라고 생각합니다. 그가 전통 지역지리로 박사학위 논문까지 받았으면서도 브리스틀 대학교 강사로 일하면서 왜『지리학에서의 설명Explanation in Geography』을 쓸 수밖에 없었는지, 미국으로 이주하자마자 막 폭동이 진화된 볼티모어의 기괴한 현실을 보면서 왜 마르크스에 매료될 수밖에 없었는지,『포스트모더니티의 조건』의 갑작스러운 성공으로 순식간에 전 세계적인 스타 학자의 반열에 올라서게 된 이야기는 제법 흥미롭거든요.

게다가 이 이야기들은 지리학사, 세계사의 굵직굵직한 사건들과 엮여 있습니다. 그는 브리스틀 대학교에서 양적 방법론에 주목했어요. 당시는 지리학에서 계량혁명quantitative revolution이 있었던 시기였거든요. 지리학의 역사에서 둘도 없이 중요한 시기였지요. 1969년 데이비드 하비가 미국으로 이주했을 때는 또 어떻고요? 그해는 볼티모어 폭동이 일어난 직후였어요.

폭동은 마틴 루터 킹 암살을 계기로 일어났지요. 비유하자면, 하비의 입장은 1980년 5·18민주화운동이 일어난 다음해 광주에 교수로 부임한 외지인이라고나 할까요? 게다가 1969년은 1968년 사회운동이 일어난 직후라 포스트모던이라는 유령이 지식사회를 떠돌던 때이기도 해요. 말하자면 근대에 대한 반성이 필요한 시기였던 것이지요.

이런 이야기들이 그의 이론과 함께 전달된다면, 하비의 이야기가 좀 더 생동감 있게 다가오지 않을까 하는 생각에 이 책을 쓰게 되었습니다. 이 책을 읽고 나면, 조금은 데이비드 하비의 책을 집어 들 용기가 나지 않을까 싶네요. 저도 그런 용기가 한 번 더 생겼으면 좋겠습니다.

이 책은 데이비드 하비의 생각에 대해 궁금하지만 아직 『자본의 한계』와 『포스트모더니티의 조건』을 집어 들기는 조금 무서운 분들을 위한 책입니다. 이 책을 통해 여러분이 데이비드 하비의 생각을 좀 더 친근하게 느꼈으면 합니다.

그럼 한번 출발해 볼까요?

양배추와 감자만 먹다가 가출하다

　1935년 10월 31일, 제1차 세계대전이 종료된 지 약 17년 후 영국 켄트주의 길링엄에서 한 아이가 태어났습니다. 그의 이름은 이 책의 주인공인 데이비드 하비David Harvey입니다. 참고로, 이 시기의 길링엄은 해군기지가 위치한 중요한 군사 지역이었습니다. 제1차 세계대전 동안 메드웨이 해양 병원은 많은 해군 인력을 치료한 곳으로, 길링엄과 그 주변 지역에는 여러 해군 관련 사고의 희생자들이 묻혀 있었습니다.

그로부터 단 4년 뒤인 1939년, 세계는 다시금 전쟁의 소용돌이에 휘말리게 됩니다. 이번에는 제2차 세계대전이 발발한 것입니다. 하비의 어린 시절은 이 새로운 대전의 그림자 아래에서 시작되었습니다. 영국은 이 전쟁에서 중요한 역할을 하게 되었고, 길링엄의 해군기지 역시 더욱 중요한 역할을 하게 됩니다. 이렇게 하비는 세계가 변화하는 역사적 순간들 속에서 성장하였습니다(더 페이머스 피플 사이트). 하지만 호기심 많은 소년인 데이비드 하비에게 길링엄은 너무나 지루하기 짝이 없었어요. 그의 말을 있는 그대로 들어 봅시다.

제2차 세계대전 동안 성장하며 지루함을 느꼈고, 재미가 없었습니다. 당시에는 BBC를 듣는 것 외에는 할 일이 많지 않았고, 집에는 책도 별로 없었습니다. 그러다 세계의 다양한 사람들에 대한 두 권의 책을 발견했고, 전 세계 사람들의 활동주의를 알리기 위한 책이었던 것 같습니다(Verso Books와의 인터뷰, 2023). 브라질이나 뉴욕에 가 보고 싶다는 생각이 들었습니다. 나는 집을 나가기도 했어요. 한번은 실제로 도망가서 기차역에서 경찰에 발견되어 돌아오기도 했습니다.

나중에는 상상 속에서 도망치기 시작했습니다. 자신이 뉴욕에 있거나, 버마에 있거나, 뉴질랜드 어딘가에 있는 것을 상상했습니다. 단조롭고 지루한 일상과 음식을 배경으로 다양한 세계를 경험하는 것이 얼마나 멋질지 상상했습니다. 거의 매일 같은 식사, 양배추나 감자만 먹었거든요. 그래서 지도 만들기 같은 것에 몰두했으며, 학교에 가서는 지리학에 집중하기 시작했습니다.

어머니는 공부를 정말 열심히 할 것을 강조했지만, 왜 공학이 아닌 지리학을 공부하는지 이해하지 못했습니다. 어머니는 엔지니어 아니면 회계사가 되라고 했습니다. 지리학은 '바보 같고 전혀 흥미롭지 않은 주제'여서 그런 걸로는 생계를 꾸려 갈 수 없다고 생각했던 것 같아요. 그래서 지리학으로 생계를 유지할 수 있게 되었을 때 어머니는 매우 놀랐습니다(Verso Books와의 인터뷰, 2023).

그렇게 해서 지리학에 대한 호기심을 키우던 그는 케임브리지의 세인트존스칼리지에서 지리학 공부를 시작합니다.

영국이나 한국이나 부모님이 자식들 생계 걱정을 하는 것은 비슷한 것 같네요. 어머니는 하비 교수에게 회계사나 엔지니어가 되라고 권했다는데, 한국에서 부모님이 자녀에게 의사가 되기를 권하는 마음과 같이 느껴집니다. 하지만 하비 교수는 지리학적 상상력을 주체하지 못하고, 계속 지리학을 공부하게 됩니다.

박사학위 논문: 「19세기 켄트 지방의 농촌 홉hop 생산의 변화」

UNIVERSITY OF
CAMBRIDGE

　외국 학자들을 보면 참 부러운 것이 군대를 가지 않기 때문에 공부를 쭉 이어서 할 수 있다는 점이에요. 케임브리지 대학교에 입학한 데이비드 하비는 계속 지리학을 공부합니다. 그는 지리학 우등 학사 학위를 1등급으로 취득한 후 석사(1957)와 박사학위(1962)를 취득했습니다. 박사학위 논문으로 「19세기 켄트 지방의 농촌 홉hop 생산의 변화」(1961)를 발표했습니다. 이 연구는 역사지리적 관점으로 켄트 지방의 홉 생산의 궤적을 추적한 것입니다. 그는 또한 1960년부터 1961년까지 스웨덴 웁살라 대학교에 방문 학자 프로그램을 다녀왔습니다. 계산해 보면 이때 하비 교수는 나이 서른도 되지 않았었지요.

하비의 박사학위 논문 초록에 따르면, 이 논문은 켄트 지방의 홉 재배를 중심으로 농업과 농촌 변화를 분석했습니다. 하비는 홉 재배의 변화를 토대로, 자연지리와 인문지리적 관점을 모두 고려하여 켄트 지방의 농업 구조와 농촌 사회의 변화를 설명하고 있습니다(인용된 논문은 박사논문을 학술지에 수정하여 제출한 논문입니다. Harvey, 1963).

홉 재배의 변화는 농업 생산의 자본주의적 전환을 반영합니다. 1800년대부터 홉 재배는 점차 대규모 농장 중심으로 이루어졌는데, 이는 자본주의의 발전이 농업 생산을 대규모화하고 집중화시키는 경향을 반영한 것입니다. 여기에서 하비 교수는 명시적으로explicitly '자본주의적capitalist'이란 말을 직접 사용하는 것을 선호하지 않습니다. 다만 그는 절대우위absolute advantage와 비교우위comparative advantage 등의 용어를 사용하면서 신고전경제학의 설명 방식을 가져옵니다. 또한 집적agglomeration이라는 용어도 사용합니다. 홉 생산이 대량화되면서 나타나는 변화에 주목하는 것이지요. 더 많이 생산하면 생산비를 낮출 수 있다는 점에서 '규모의 경제economy of scale'라고 할 수 있습니다.

하비 교수는 홉 재배와 토양, 기후 등 자연지리의 영향과 패턴을 설명한 후, 그것이 자본주의적으로 생산되기 시작했을 때 수익이 감소하는 현상에 주목했습니다. 그러면서 홉 생산은 토양이나 기후 등의 자연지리적 요소만으로 설명이 어렵고, 영국에서 홉을 대량생산하게 된 계기를 비롯해 경제의 변화를 같이 봐야 한다고 주문하고 있습니다.

　이 논문에서 흥미로운 사실은 데이비드 하비가 기존 지리학자들을 비판하고 있다는 점입니다. 나중에 또 다룰 기회가 있겠지만, 하비 교수는 다른 학자들을 비판할 때 매우 신중하게 언어를 가려서 쓰는 것 같습니다. 가끔 그 신중함 탓에 무슨 말을 하는지 헷갈릴 때가 있기도 합니다. 이 연구에서 하비 교수는 기존 지리학자들이 '패턴'을 설명해 내는 데 관심을 가지지만, 그 패턴이 어떻게 근본적으로 변화하는지에 대한 관심은 부족했다고 말합니다. 그리고 이 논문에서 홉 재배의 패턴이 어떻게 변하는지를 보여 주겠다고 합니다. 나중에 결론 부분에서는 '경험 자료의 부족'으로 패턴의 변화를 근원적으로 파헤치는 데에는 성공하지 못했지만, 홉 생산의 감소가 자연지리적 요인이 아니라 경제적 요인의 영향이 있음을 보여 주면서 연구는 마무리됩니다.

　또 하나 재미있는 점은 하비 교수가 수많은 지도, 표, 그래프를 통해 자신의 주장을 뒷받침하고 있다는 것입니다. 하비 교수

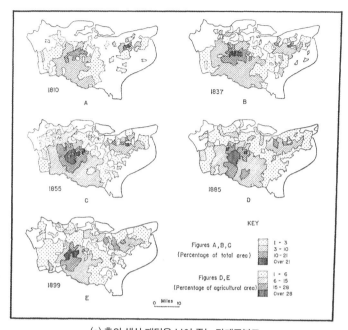

(a) 홉의 생산 패턴을 보여 주는 단계구분도

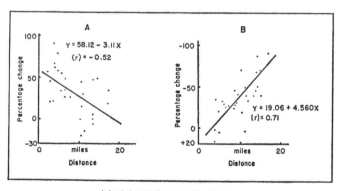

(b) 거리 조락을 보여 주는 회귀분석

그림 1. 데이비드 하비의 계량분석 사례

는 (a) 지도를 통해 시대적으로 홉 생산의 패턴이 어떻게 변화하였는지를 명시적으로 표현합니다. (b)는 거리 조락distance decay을 보여 줍니다. 거리 조락이란 가장 생산량이 높은 곳에서 거리가 길어질수록 수확량이 떨어지는 현상을 의미합니다. 지리학에서는 정말 많이 등장하는 개념이니 알아 두면 좋겠습니다. 거리 조락은 튀넨Thünen의 고립국이론, 베버Weber의 공업입지론, 나중에 등장할 알론소Alonso의 입찰지대론의 기본 원리이기도 합니다.

하비 교수는 이와 같은 실증 자료를 통해 '패턴의 변화'를 '설명'하려고 합니다. 하비 교수는 이 책에서 나중에 다룰 『지리학에서의 설명Explanation in Geography』을 쓰게 되는데, 이때 '설명'이라는 단어는 아주 심오하게 사용됩니다. 하비 교수는 기존의 지리학 이론이 어떤 현상을 제대로 설명하고 있느냐고 묻고, 설명을 하기 위해서는 무엇이 필요한지 파고듭니다.

하비의 박사학위 논문은 초기 연구 경향을 잘 보여 주는 작품으로, 이후 그의 연구에 중요한 영향을 미쳤습니다. 이 논문은 하비가 계량지리학의 방법론에 관심을 갖는 계기가 되었고, 또한 자본주의의 발전이 농업과 농촌 사회에 미치는 영향을 분석함으로써 이후 그의 정치경제학적 공간이론의 토대를 마련하는 데 기여했습니다(Harvey, 1961).

데이비드 하비 저작(박사학위 이후)

첫 저작: 『지리학에서의 설명Explanation in Geography』* (1969)

하비 교수는 겨우 서른도 되지 않아 케임브리지 대학교에서 박사학위를 마치고 스웨덴의 웁살라 대학교에서 잠깐 방문교수 생활을 했습니다. 그러다 브리스틀 대학교에서 강사 자리를 맡아 학부생에게 6년 동안 강의를 하게 됩니다. 1965년부터 1966년까지는 펜실베이니아 대학교에서 대학원 수업도 맡아서 합니다.

---

* 이 책의 제목은 *Explanation in Geography*이다. 사실 이 책은 한국어로 번역되어 있지 않기 때문에 『지리학 해설』(최병두, 1997: 12) 혹은 『지리학적 설명』(최병두, 1997: 12) (Harvey, 2016)이라고 번역되곤 한다. 『지리학 해설』은 in의 의미를 너무 축소한

강의 경험을 바탕으로 하비는 1969년『지리학에서의 설명』
을 출간했습니다. 이 책은 하비의 최초 저서가 됩니다. 당시 하
비는 이 과정을 "헌 병에 새 술을 담는 격pour new wine into old bot-
tles"이라고 묘사합니다. 기존 지리학에 양적 방법론을 얹으면서
지리학이 얼마나 더 풍성해지고 새로워질 수 있는지에 대한 찬
사를 아끼지 않았어요. "새로운 세계를 열었다open up a whole new
world"라고까지 표현합니다. 앞서 박사논문에서 봤던 것처럼 그
는 이미 지도로 패턴을 설명하거나, 회귀분석regression analysis
을 자유자재로 이용할 수 있을 정도로 수치 분석에 자신감이 있
었어요. 회귀분석이란 관측된 값들을 가지고 독립변인과 종속
변인의 자료를 통해 모델을 만든 뒤 적합도를 찾아내는 분석 방
법입니다. 사회과학에서는 아주 많이 사용되는 용어이니 눈여
겨봐 두세요.

이 당시 지리학과 실증주의의 만남은 그만큼 막강한 힘을 가
지고 있었던 것 같아요. 당시 지리학자 피터 하겟Peter Haggett도
브리스틀 대학교에서 실증주의 지리학을 이끌어 가던 대표 학
자 중 한 명이었습니다.

것 같고,『지리학적 설명』은 geographical explanation을 떠올릴 것 같아 부득이『지
리학에서의 설명』이라고 표기하고자 한다.

또 『지리학에서의 설명』서문에서 하비에게 많은 도움을 주었다고 하는 리처드 촐리Richard Chorley 역시 위대한 지리학자였습니다. 나중에 하비는 촐리를 '딕 촐리Dick Chorley'라고 표기하는데, 딕은 촐리의 애칭이었습니다. 서문에서는 피터 하겟과 리처드 촐리의 도움을 많이 받았다고 쓰고 있지요. 사실 '계량혁명'이라고 편하게 쓰기는 하지만, '과학적 방법'을 지리학에 도입하고자 했다는 것이 좀 더 명료한 설명이라고 봅니다. 과학적 방법론에 '계량'만 있는 것은 아니거든요.

촐리 교수는 추후 윌리엄 모리스 데이비스William Morris Davis의 '침식윤회설'에서 현대 역사지형학으로 지형학의 지평을 넓힌 학자라고 평가되기도 합니다. 계량혁명의 결과로서 비교적 단순하고 이해되기 쉬운 이론이었던 윌리엄 모리스 데이비스의 설명은 실증연구에 근거한 현대 역사지형학으로 넘어가게 된 셈이지요. 이 부분은 다음 글에서 더 자세히 다루겠습니다. 이 두 사람은 영국에서 계량혁명을 이끈 학자로 자주 언급됩니다. 데이비드 하비 역시 둘의 영향을 많이 받았기 때문에 과학적 방법론을 익히고 가르치는 데 몰두했던 것 같습니다.

시기가 시기인 만큼, 신임 강의 교수였던 하비는 학생들에게 계량 방법론을 가르쳤습니다. 기하학, 확률분포 이론, 데이터 수집 등 기존 지리학에서는 체계화되어 있지 않은 부분이었어요. 하지만 하비는 단순히 방법론에만 집중한 것이 아니었어요. 계량혁명이 '하나의 철학'을 담고 있다면, 그 철학은 도대체 무엇을 의미하는지를 끊임없이 묻고 또 묻지요. 그래서 이 책의 서문에서는 과학적 방법의 철학philosophy을 강조합니다. 단순히 기법을 가져오는 것이 아니라 과학적 사고방식을 가져와 지리학의 지평을 넓힌 셈이지요.

하비 교수는 정말 박식합니다. 이미 박사학위 논문에서 수많은 경제학자와 지리학자들이 언급되어 입이 떡 벌어졌는데, 『지리학에서의 설명』에서는 과학철학까지 동원합니다. 이 책에서 가장 중요하게 다루는 인물 중 하나는 토머스 쿤Thomas Kuhn입니다. 바로 '패러다임paradigm'이라는 용어를 만들어 낸 『과학혁명의 구조The Structure of Scientific Revolutions』라는 책 때문이지요. 하비 교수는 기존의 '지역지리학regional geography'이 우리가 흔히 말하는 계통지리학systematic geography과 대립하는 현상에 대해 다룹니다. 당시 과학의 급격한 발전과 더불어 지리학 역시 많은 발전이 있었어요. 말하자면 과학적 방법론이 도입되기 시작한 것이지요. 이것을 하비 교수는 '패러다임 전환'이라고 보았던 것 같습니다. 아주 조심스럽게 설명하지만, 요약하자면 그렇다는 것입니다.

이 책에서 하비는 과학 이론, 가설, 법칙 및 모델의 역할에 관해 논의했습니다. '지리학의 제1법칙'으로 유명한 월도 토블러 Waldo Tobler(1930~2018)가 하비 교수에게 출판되지 않은 자료들을 많이 주면서 이 책의 출판을 독려했다고 합니다. 토블러는 최초의 지리학 법칙을 만든 사람이지요. '모든 것은 모든 것과 연관되어 있다, 그러나 가까운 것은 멀리 있는 것보다 더 연관되어 있다.' 이 법칙은 거리 조락을 다룹니다. 이 개념은 추후 공간자기상관spatial autocorrelation 등의 개념으로 공간 통계spatial statistics의 기본 원리가 되기도 합니다. 엄청 단순해 보이지만, 지리학이 GIS로 나아가는 데 결정적인 역할을 한 이론이지요.

또한 하비는 신산업공간론으로 유명한 앨런 스콧Allen Scott과도 친분이 있었고, 펜실베이니아에 있을 때는 지리정보과학GI-Science과 사회지리학의 선구자 중 한 명인 피터 굴드Peter Gould 교수에게 많은 도움을 받았다고 합니다. 두 사람 다 엄청나게 유명한 지리학자이지요. 당시 박사를 막 졸업한 젊은 지리학자 데이비드 하비는 이렇게 내로라하는 지리학자들의 관심 속에서 『지리학에서의 설명』을 집필합니다(Harvey, 1969). 역사적으로 이처럼 유명한 지리학자들 모두와 친분이 있었다는 사실을 보면, 데이비드 하비 교수가 사회적으로 소통을 잘하는 스타일이었을 것이라고 짐작해 볼 수 있습니다.

더글러스 아메데오Douglas Amedeo가 *Geographical Review*에

쓴 내용을 살펴보지요. 그는 하비가 이 책에서 지리학 법칙을 만들려 한다고 썼습니다. 법칙이란 것이 무엇일까요? 법칙은 과학적 지식을 간략하게 표현해 놓은 것이에요. 예를 들어, 뉴턴의 운동법칙은 F=ma라고 아주 간단하고 명시적으로 표현되지요. 하비는 말하자면, 지리학도 과학의 일부가 되어야 하고, 과학적 법칙을 만드는 것이 지리학의 임무라고 생각했던 것 같네요. 그는 박사논문에서 계량 방법론을 상당히 자유자재로 사용한 것으로 보이는데, 그 생각을 발전시켜 이 책이 나올 수 있었던 것 같습니다.

계량혁명은 1970년대 이후 많은 비판을 받게 되지만, 어쨌든 당시로서는 새롭고 힙한 접근법이었어요. 신진 학자로서 데이비드 하비는 이제 지리학이 갈 길은 과학적 설명이라고 선포한 셈이지요. 이 부분에 대해서는 다음 글에서 본격적으로 다뤄 보도록 하겠습니다.

『지리학에서의 설명』: 계량혁명 패러다임의 집대성

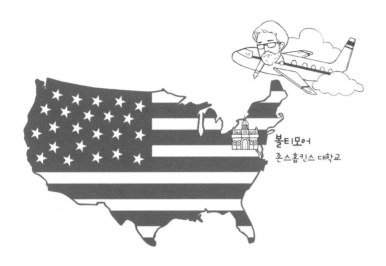

볼티모어
존스홉킨스 대학교

  지난 글에서 잠깐 다뤘지만, 『지리학에서의 설명』은 그냥 한 번 훑고 넘어가기에는 너무 아까운 책입니다. 왜냐하면 이 책 자체가 20세기 중반의 전후(제2차 세계대전 이후) 지리학의 분위기를 고스란히 담고 있거든요. 이 책이 발간된 시기는 1969년 이고, 책을 냄과 거의 동시에 하비 교수는 존스홉킨스 대학교로 이직을 합니다.

  이미 우리는 브리스틀에서 지리학의 분위기가 어땠는지를 한 번 살펴보았습니다. 당시는 '**계량운동**'(또는 **계량혁명**이라고도 **부르는**)이 활발했던 시기였습니다. 피터 하겟Peter Haggett과 리처드 촐리Richard Chorley를 다시 언급하는 것이 좋을 것 같습니다. 두 사람은 하비 교수의 책 서문에서 "무서운 쌍둥이terrible twins"라고 불릴 정도로 각별했고, 공저로 책과 논문도 많이 썼습니다. 1967년에는 『지리학에서의 모델Models in Geography』이란 책을 출간하기도 했습니다.

그림 2. 리처드 촐리 교수

다. 이 책 제목 어디서 많이 들어 본 것 같지 않나요? 이 책은 하비 교수의 『지리학에서의 설명』보다 2년 먼저 출간된 형님 격의 책이라고도 말할 수 있겠습니다.

바로 이 책을 언급하면서 하비 교수는 다음과 같이 말합니다.

촐리와 하겟은 지리학자들이 새로운 패러다임을 찾는 과정을 '계량운동'이라고 간주했다. … (이와 같은 노력은) 종합적인 이해를 희생한다는 단점도 있다(Harvey, 1969: 18).

이 이야기를 위해 지리학자 윌리엄 모리스 데이비스William Morris Davis(1850~1934)와 리처드 촐리(1927~2002)를 대비해 생각해 볼 수 있습니다. 윌리엄 모리스 데이비스가 미국 지리학의 대표 주자라면, 리처드 촐리는 영국에서 계량운동을 이끈 선구자(?)라고도 말할 수 있겠습니다.

윌리엄 모리스 데이비스의 주요 활동 시기는 1885년 자연지리학physical geography(한국에서는 '물리지리학'이라고 번역하지 않고, 주로 '자연지리학'이라고 번역합니다) 조교수가 된 시기부터 1912년 하버드 대학교에서 왕성하게 연구했던 20세기 초까지가 그의 전성기로 보입니다(https://www.ko.celeb-true.com/).

그의 이론 중에서 가장 유명한 것은 우리나라 지리 교과서에도 수록되어 있는 '**침식윤회설**cycle of erosion'입니다('지형윤회설'이라고도 합니다). 이 이론에 대해 자세히 이야기하진 않겠지만, 먼저 이 이론은 번역부터 조금 심상치 않습니다. 불교에서 카르마karma와 함께 제시되는 '윤회(輪廻)'라는 개념을 이렇게 번역하다니요. '침식 주기론' 정도로 번역했으면 어땠을까 싶습니다. 지형이 유년기, 장년기, 노년기에 거치는 시간 배열을 만들어 낸다는 이 주장은 예전에는 한국지리 교과서에 실려 있을 정도로 엄청나게 유명한 이론이었어요. 배운 기억이 납니다.

이 이론은 간결함에서 호소력이 있었으나 나중에는 굉장히 많은 반론이 제기되었고, 지금은 대단히 원론적인 차원에서만 의미를 지닌다고 합니다(Harvard Magazine, 2018; Harvey, 1991). 하지만 그럼에도 불구하고 한반도 지형을 여전히 '노년기' 지형이라고 알고 있는 사람이 많지요. 그래서 우리는 기후변화와 지진에 대비를 해야 하는데도, 상대적으로 사람들이 다소 둔감한 측면도 있는 것 같습니다.

그림 3. 침식윤회설을 주장한
윌리엄 모리스 데이비스

조금 심하게 말하면 과학적 확실성은 많이 부족한 이론이라는 것이 정설입니다. 저는 고등학교 한국지리 시간에 데이비스의 '침식(지형)윤회설'을 배운 기억이 있는데, 지금 고등학생들은 이 이론을 배우지 않는다고 하더군요. 대신에 우리나라가 '노년기' 지형이라는 말은 쓰는데, 이 말이 사실상 '침식윤회설'에서 왔다고 보면 됩니다. 나중에 『포스트모더니티의 조건』에서 또 다루겠지만, 여기에는 근대성 modernity의 어둠이 함께 있어요. 근대과학은 사실 어둠이 있었어요. 찰스 다윈은 진화론으로 생물학을 비롯한 전 세계의 과학 발전에도 엄청나게 기여했는데, 안타깝게도 인종차별의 이론적 도구로 잘못 활용되기도 했어요. 나중에 헉슬리와 스펜서가

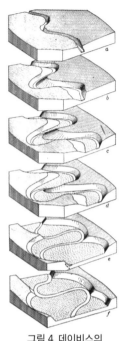

**그림 4. 데이비스의
침식윤회설 설명**

다윈의 진화론을 사회진화론으로 이상하게 변형시킨 사람들로 꼽힙니다.

윌리엄 데이비스 모리스도 그중 하나였던 것 같아요. 1902년 『자연지리학의 기초Elementary Physical Geography』라는 책에서 그는 이렇게 쓰고 있습니다.

자연지리학 연구는 지구의 특징들에 대한 지식을 줌으로써 우리로 하여금 인간과 자연의 관계에 대해 더 잘 이해하게 해 준다. … 역사에서 '지리적 요인geographical factors'의 영향, 즉 역사의 발전은 지리적 요소에 의해 반복적으로 영향을 받았다. 대서양이 태평양보다 짧은 것은 행운이었다. 대체로 그 이유 때문에 신세계가 서구 유럽의 선두 인종leading races의 이민자들로 채워질 수 있었다(Davis, 1903: 332, 368)

지금 이렇게 말하면 큰일 날 소리지요. 대서양이 태평양보다 신대륙과 가까워서 다행이라니요. 아메리카 원주민들은 그 말을 들으면 어떤 생각이 들까요?

이는 지리학자 라첼Ratzel이라든지, 여성 지리학자인 셈플Semple, 그리고 최근 학자로는 『총, 균, 쇠』를 쓴 재레드 다이아몬드Jared Diamond에게서 발견될 수 있는 '환경결정론' 사고입니다. 지금 관점에서 보면 굉장히 거친 사고방식이지요. 한편, 윌리엄 모리스 데이비스는 500편 이상의 논문과 책을 쓴 직업 자연지리학자로서 그 중요성이 이런 한두 마디에 전부 부정당해서는 안 됩니다. 하지만 당시 시대적 한계 탓에 인종차별주의와 환경결정론 사고를 가졌음은 부인할 수 없을 것입니다. 인종차별과 환경결정론의 사고방식은 직접적으로든 간접적으로든 나치 히틀러의 유대인 학살을 뒷받침해 주는 논거로 사용되기도 합니다.

이러한 인종차별적 사고 또한 '과학 발전'의 산물이었다는 것도 곱씹어 볼 만해요. 나중에 더 자세히 다루겠지만, 비판철학자들이 근대 과학과 철학을 비판하는 이유도 여기에 있습니다 (이 부분은 『포스트모더니티의 조건』에서 자세히 다룹니다). 사실 근대성이라는 것은 그 자체가 폭력성과 단절성을 안고 있거든요. 인종차별의 근거에는 과학이 항상 따라왔어요. 우리 머리의 모양이 어떻게 생겼는지 알아보는 '골상학phrenology', 생물학자 린네Linné에 의한 '분류학taxonomy'이 **인종차별의 근거**로 제시되었지요. 식물한테 쓰는 기법을 사람한테도 쓰기 시작한 거예요. 이와 같은 사고는 이후에 **도시사회학 혹은 도시지리학**으로도 연결되는데, 나중에 하비도 자주 언급하는 '로버트 파크Robert E. Park', 우리가 부동산학, 도시지리학, 도시사회학 시간에 배우는 '동심원이론'의 버제스Burgess, 선형이론(여기서 '선형'이 linear가 아니고, sector 즉 부채꼴이라는 거 아시지요?)의 호이트Hoyt라는 학자도 여기에 해당됩니다.

갑자기 이야기가 너무 퍼져 나갔는데, 제 요지는 이거예요. 과학이 처음부터 과학은 아니었어요. 과학 역시 '야만'에서 조금씩 더 과학화되어 온 과정이 있었지요. 예전에 풍수지리가 사람의 인생을 결정한다고 믿었던 적이 있지만, 지금은 그것을 진지하게 믿으면 약간 이상한 사람 취급을 받잖아요. 사실 지식이라는 것이 완전한 진보에 있다고 하기보다는 **'헌 생각이 새 생각으로 대체'**되는 것에 가까워요.

이것을 이론적으로 정리한 사람이 그 유명한 '토머스 쿤Thomas Samuel Kuhn' 되시겠습니다. 그리고 토머스 쿤의 『과학혁명의 구조』에서는 이 과정을 '패러다임 전환paradigm shift'이라고 간략하게 정의합니다. 각 시대의 정상과학normal science은 그 과학의 전제라든가 공유한 규범norm이 있는데, 어떤 시기에 그러한 전제와 규범이 비정상적인 것들anomaly(즉 기형)에 의해 공격을 받습니다. 그러다가 갑자기 설명 체계(패러다임)가 훅 바뀌면서 기존 설명이 '기형'이 되는 이변이 발생합니다. 이것이 바로『과학혁명의 구조』의 주요 내용입니다. 이 사고방식은 과학의 점진적 발전이라는 사고를 뒤집는 정말 획기적인 사고방식이었어요. 그리고 '혁명revolution'이라는 단어가 지식사회에서 이렇게 멋지게 사용될 수 있다는 점에서 그의 통찰은 아직까지도 많은 사람들에게 영향을 미치고 있습니다. **데이비드 하비 역시『지리학에서의 설명』의 전반에서 토머스 쿤의 내용을 폭넓게 인용하고 있어요.**

기왕 이야기한 김에 촐리 이야기를 마무리해 보지요. 현대 지형학은 이제 데이비스의 이론처럼 전체 지형의 순환을 하나의 이론으로 설명해 낸다는 욕심을 버립니다. 대신에 방사성동위원소 연대측정, 루미네선스 연대측정[luminescence dating, 광물(석영 또는 장석)에 축적된 방사선량을 통해 대상 물질이 햇빛이나 열에 마지막으로 노출된 이후 경과된 시간을 밝힘으로써 연대를 측정하는 방법], 고지자기 연대측정(지질시대에 생성된 암석에 분포하고 있는 잔류자기를 통한 연대측정) 등 측정 방법 dating을 이용하여 일종의 절대편년absolute chronology을 얻어 내기 시작하지요. 즉 '측정'에 의한 과학으로 설명하려고 노력하기 시작하는 것입니다.

촐리는 1967년에 하겟과 함께 『지리학에서의 모델』이라는 책을 쓴 것처럼, 데이비스의 침식 순환이론에 도전하기 위해 시스템 이론과 수치 모델에 근거한 정량적 모델을 동원했습니다. 촐리의 연구는 사실상 데이비스의 연구의 패러다임을 바꿨다고도 볼 수 있습니다. 윌리엄 모리스 데이비스의 연구 역시 기존 과학보다는 과학적이었지만, 촐리의 연구는 '시스템', '계량', '분석'에 초점을 맞추었기 때문에 지리학의 계량적 분석의 한 획을 그을 수 있었던 것입니다. 그래서 일각에서는 촐리를 자연과학자라기보다는 과학철학자라고 보기도 한다네요.

피터 하겟이 인문지리학의 계량의 선두 주자였다면, 리처드 촐리는 자연지리학계에서 계량운동을 이끌어 나갔습니다. 1968년 자본주의가 정점을 찍었던 것과 거의 오마주가 되는 것처럼, 1960년대는 소위 지리학에서의 '과학주의', '계량혁명', 지리학사에서는 '논리실증주의'라는 운동이 정점을 이뤘던 시기였습니다.

데이비드 하비는 성급하게 '하겟과 촐리'가 성공적으로 기존 지역지리 이론을 완전히 대체했다고 쓰지 않습니다. 그리고 계량운동이 기존 전통 지역지리학을 대체하는 과정에서 **종합적인 이해를 희생할 수밖에 없는** 측면을 같이 짚고 넘어갑니다. 나중에 살펴보겠지만, 이 시대 지리학자들은 본능적으로 자신의 이론에 쏟아질 비난들을 알고 있었어요. 왜냐하면 18세기 학자들이 19세기 학자들에게, 19세기 학자들이 20세기 학자들에 의해 대체되는 것을 보아 왔거든요. 19세기 학자로는 찰스 다윈, 마르크스, 맬서스가 대표적이었을 텐데, 자신이 이뤄 낸 어떤 이론이 모든 자연현상을 다 설명해 낼 수 있다는 식으로 이해되곤 했어요.

하비 교수의 입장은 어느 한쪽을 추켜세우기보다, "계량운동이 지역지리학과 대립하는 현상"에 대해 비교적 객관적으로 서술하고, 그러한 양상이 토머스 쿤의 '패러다임 전환'과 유사하다는 점을 지적합니다. 그러나 당시는 누가 봐도 하겟과 촐리가 기존 패러다임을 대체한 것과 같은 느낌이 드는 시대였지요. 이러한 판도는 다시 1970년대 이후에 뒤집어집니다. 데이비드 하비 본인이 그 주인공이 될 줄은 그때는 몰랐겠지요.

사실 이것은 그렇게 쉽게만 다가갈 수 없는 주제이긴 합니다. 과연 진리가 있을까요? 뉴턴은 확실히 점성술보다 나은 설명을 우리에게 제공했던 것일까요? 아인슈타인의 통일장이론은 정말 헛된 꿈이었을까요? 양자물리학에서 하이젠베르크가 주장한 것처럼 양자의 속도와 질량은 정말 동시에 측정될 수 없는 것일까요? 100년 후 우리 후손들은 어떤 과학을 '정상과학'이라고 받아들이게 될까요? 이러한 상상력을 끊임없이 자극하면서 데이비드 하비는 자연과학의 철학을 지리학에 차곡차곡 대입시켜 나갑니다.

이 과정은 결국 '지리학에서의 계량운동(혹은 혁명)'의 정점을 찍습니다. 하비 교수도 그 이후로는 계량 연구를 하지 않아요. 『사회정의와 도시』에서는 계량혁명이 일종의 패러다임 전환에 성공했지만, 그 한계가 나타나고 있다고 나중에 서술하기까지 합니다. 그리고 특히 지리학에서 이러한 정점은 아주 중요한 의미를 가집니다. 잘 알다시피, 1970년대에는 인문지리학의 반격이 시작되거든요. 이제 현상학과 해석학의 철학으로 무장한 인문지리학(혹은 인간주의 지리학이라고 번역하는)이 '계량운동'에 대한 본격적인 반박을 시작하게 됩니다.

마지막으로 『지리학에서의 설명』에 관한 짧은 논평을 하고 끝내겠습니다. 이 책에 대해 여러 좋은 평가가 있기는 하지만, 이 책은 어디까지나 데이비드 하비의 첫 작품으로서 의미를 가집니다. 주변에서도 『지리학에서의 설명』의 내용을 언급하거나, 이 책에서 감명을 받았다는 사람을 본 적은 없어요. 나중에 대학자로 성장한 데이비드 하비 교수의 첫 작품이기 때문에 다시 찾아보는 사람은 있어요. 냉정하게 말해 이 책은 좋은 책이지만, 크게 인기를 끈 작품은 아니었습니다. 하지만 하비 교수의 생각의 변화를 추적해 보기에는 아주 의미가 있는 책이지요.

이 책을 서술하면서 쌓인 하비 교수의 지식은 나중에 『사회정의와 도시』에서 마르크스주의와의 연결고리를 만드는 데 훌륭하게 기여합니다.

데이비드 하비, 미국으로 진출하다

　하비 교수는 영국에서 대학 강사 생활을 마감하고 미국의 존스홉킨스 대학교의 교수로 부임하게 됩니다. 엄밀히 말하면, 토블러가 있었던 펜실베이니아 대학교에서 잠깐 강의한 적도 있었기 때문에, 하비 교수에게 미국은 처음이 아니었어요. 어쨌든 이 시기는 하비가 마르크스 철학에 관심을 가지게 된 시기이기도 하므로, 그의 사상을 이해하는 데 매우 중요합니다. 『지리학에서의 설명』을 이제 막 집필하고, 계량혁명을 집대성한 하비가 앞으로 어떤 학문적 행보를 보여 줄지 궁금해지는 시점이었습니다.

　이미 여러분이 잘 아는 것처럼, 하비는 마르크스를 본격적으로 탐독하게 됩니다. 80세가 훌쩍 넘은 지금도 마르크스의『정치경제학 비판 요강Grundrisse』을 강의하고, 『자본론』1권 정독의 중요성을 X(전 트위터)에 설파할 정도로 그는 마르크스 사상을 탐독하는 학자입니다. 그가 어떤 상황에서 어떤 과정을 거쳐 마르크스에 심취했는지 더듬어 볼 필요가 있습니다. 도대체 왜 하비 교수는 갑자기 마르크스를 읽게 된 것일까요? 참고로『지리학에서의 설명』에서 마르크스는 '언급'은 되고 있지만, 참고문헌에는 없습니다. 데이비드 하비 교수는 30대 중반에야 마르크스를 읽기 시작했다고 인터뷰에서 밝힌 바도 있었지요. 말하자면 멋모를 때 마르크스의 저작을 접한 것이 아니라, 이미 과학적으로 연구할 수 있는 학자가 되고 나서야 마르크스를 읽기 시작했습니다.

시기를 주목해 볼 필요가 있어요. 1969년은 하비뿐만 아니라 전 세계의 정치, 사회, 경제가 모두 흔들릴 만큼 중요한 일들이 있었던 소위 68혁명이 일어난 직후였거든요. 게다가 하비의 사상에 영향을 미치는 '앙리 르페브르'에 대해서도 언급하게 될 것입니다. 참고로 하비 교수는 앙리 르페브르가 본인에게 미친 영향이 과대평가되는 것을 주의해 달라고 말하기는 합니다.

설명하기 전에 한 가지 주의를 드리고 싶어요. 모든 일이 그러하듯, 어떤 질문에 한 가지 명확한 답을 내는 것은 위험해요. 예를 들어, "하비 교수가 마르크스 사상에 흥미를 가진 이유는 뭐지요?"라고 누군가 질문을 던졌을 때, "68혁명 때문에요."라고 한 마디로 답하는 것은 곤란해요. 사실 68혁명이라는 말 자체도 무엇을 의미하는지 많은 사람들이 다르게 이해할 수 있어요. 심지어 모를 수도 있습니다. 하비 교수가 68혁명 때문에 사상을 바꿨다고 주장하고 싶은 것이 아닙니다. 하비 교수가 마르크스 사상에 흥미를 느낀 시대적 배경에 대해 짚어 줄 필요는 있을 것 같습니다.

자, 그럼 시작해 볼까요?

배경: 1968년 전후 정치와 경제 상황, 불안한 평화

　2020년대에 1968년이라고 하면 그저 '옛날'이라고 생각되겠지만, 세계적으로 1960년대는 번영의 시기였습니다. 제2차 세계대전이 끝나고, 한국인에게는 비극적인 한국전쟁까지 휴전으로 마무리되면서 본격적으로 재건reconstruction이 시작되었거든요. 혹시 마셜 플랜을 기억하시나요? 제2차 세계대전을 끝낸 이후, 정부개입을 강조한 케인스 이론에 따라 많은 국가에서 '재건'을 위한 인프라 투자가 시작되지요. 전쟁이 끝난 유럽도 마찬가지였어요. 미국이 유럽에 대규모 복구 자금을 지원한 것이 바로 마셜 플랜입니다.

　제2차 세계대전 이후 미국 경제는 공황과 세계대전을 극복하고 승승장구하기 시작했고, 유럽 역시 미국의 재건 자금으로 빠르게 회복에 성공하고 있었습니다. 생각해 보면, 전후에 막대한 자금이 투입되었으니 여기저기에서 공사가 이뤄지고, 임금을 받은 노동자는 소비를 즐기고, 또 소비를 위해 기업은 물건을 생산하게 됩니다.

다른 한편으로, 1960년대는 미국의 경제적 지배력이 급속도로 증가하는 시기였습니다. 제2차 세계대전 이후 브레턴우즈 체제Bretton Woods system의 등장으로 달러를 세계의 주요 통화로 정착시키고, 미국 달러를 기준으로 다른 통화들을 고정된 환율에 연결하는 국제통화제도를 수립했습니다. 따라서 브레턴우즈 체제는 달러의 지위를 강화하고, 미국의 경제적 영향력을 증대시키는 역할을 했습니다. 이러한 변화는 달러가 세계의 주요 기축통화로 자리매김하는 데 중요한 요인 중 하나였습니다. 이 시기의 경제적 번영으로 미국은 국제 무역과 금융에서 독보적인 위치를 차지했고, 세계경제에 큰 영향력을 행사하게 되었습니다. 1970년대에 소위 말하는 '석유파동oil shock'이 오기 전까지 미국 경제는 승승장구했지요.

사실 대공황으로부터 세계경제를 구원하는 지혜를 내준 것은 바로 영국의 경제학자 케인스였어요. 케인스 이론의 핵심은 경제가 위기 상황일 때 국가가 재정투자를 통해 유효수요를 창출

해야 한다는 것이었지요. 그의 이론대로 국가는 경제가 위기에 빠졌을 때 대규모 자금을 투입하면 스스로 시장이 다시 작동하기 시작하는 것처럼 보였어요. 그들에게 1929년 같은 대공황은 이제 없을 거라고 느껴졌을 거예요. 왜냐하면 이제 자본주의가 작동하는 법을 깨달은 것처럼 느껴졌을 거거든요. 이런 느낌이 '착각'이라는 생각이 들기까지는 그렇게 오랜 시간이 걸리지 않는다는 것이 항상 함정이지요. 1970년에는 여러분이 너무나 잘 아는 '스태그플레이션stagflation'이 기다리고 있거든요. 원래는 없던 단어였지만, 지금은 거의 고유명사처럼 느껴지는 단어지요. 물가 상승과 실업률 상승이 동시에 찾아오는 것을 스태그플레이션이라고 합니다. 원래 이 둘은 반비례 관계에 있다고 생각되었었는데 말이지요.

1970년대로 넘어가기 전에 먼저 1968년 전후의 이야기를 좀 더 해 볼까 해요. 1960년대가 평화와 번영의 시기였다고 하지만, 사실 들여다보면 그렇지도 않은 측면이 있어요. 1950년대에는 우리나라의 비극이기도 한 '한국전쟁'이 있었지요. 한국전쟁은 세계사적으로도 좀 중요합니다. 왜냐하면 1950년대는 여전히 전쟁의 불씨가 남아 있었기 때문이지요. 제1차 세계대전과 제2차 세계대전이 있었는데 제3차 세계대전이라고 없으리란 법이 있나요? 그리고 만약 제3차 세계대전이 일어난다면, 조금 과감하게 말해 인류가 구석기 시대로 다시 돌아갈 수도 있었 어요. 제2차 세계대전에서 그 위력을 발휘한 핵무기가 상용화 된다면, 지구가 날아가는 것은 이제 시간문제거든요. 어쨌든 세 계대전으로 번질 뻔한 한국전쟁은 1953년 휴전으로 마무리됩 니다.

1962년에는 쿠바 미사일 위기라는 것이 있었어요. 쿠바 미사 일 위기는 1962년 냉전 시기에 발생한 중대한 국제정치적 위 기로, 소련이 쿠바에 핵미사일을 배치하려 한 것이 미국에 의 해 발견되면서 시작되었습니다. 이 사건은 미국과 소련 간의 긴 장을 극도로 고조시켰으며, 핵전쟁의 가능성까지 거론되었습 니다. 미국은 쿠바로 향하는 선박을 봉쇄하고 쿠바에서의 미사 일 철수를 요구했습니다. 결국 양국은 대화를 통해 위기를 해결 했으며, 이 과정에서 소련은 쿠바의 미사일을 철수하고, 미국은 튀르키예와 이탈리아에 배치된 자국의 미사일을 철수하기로 합 의했습니다. 이 사건은 냉전 역사에서 가장 위험한 순간 중 하 나였지요.

베트남은 또 어떻고요? 베트남전쟁은 긴 역사를 가지고 있지 만, 통상 미국의 개입이 시작된 1964년을 이해할 필요가 있습니 다. 통킹만 사건으로 미국이 베트남전에 개입하게 됩니다. 1964 년에 발생한 통킹만 사건은 미국 구축함이 베트남의 통킹만에서 북베트남의 공격을 받았다고 주장한 사건입니다. 이 사건은 미국의 베트남전쟁 개입을 촉진하는 결정적 계기가 되었으며, 나중에 일부 공격은 실제로 일어나지 않았거나 과장되었다는 것이 밝혀졌습니다. 세계 최고의 무기로 무장한, 제2차 세계대전 승전국이었던 미국은 당연히 베트남전쟁에서도 쉽게 승리할 수 있을 줄 알았지요.

베트남전쟁 동안 미국은 약 270만 명의 군인을 동원했으며, 이 중 대다수가 징병제를 통해 모집된 젊은 병사들이었습니다. 하지만 베트남은 결코 만만한 상대가 아니었어요. 결국 베트남전쟁은 미국이 이기지 못한 전쟁으로 끝납니다. 그런데 1968년은 아직 베트남전쟁이 한창일 때였어요. 미국 사회는 남의 나라 전쟁에 소중한 젊은이들의 젊음을 바칠 필요가 있는지 반성하기 시작했지요. 1968년은 반전의 분위기가 최고조로 무르익었어요.

엎친 데 덮친 격으로, 미국 사회의 시한폭탄 같았던 인종차별에 대한 시위도 극심했어요. 돌이켜 보면 버스에 흑인이 앉을 칸이 따로 있다는 것이 말이 되나요? 유색인종만 가는 화장실이 있는 것은 또 어떻고요? 1950년대 미국은 그런 문제조차도 해결이 안 된, 아직 평등과는 거리가 먼 사회였던 것 같아요. 몽고메리 흑인 민권운동은 1955년 앨라배마주 몽고메리에서 로

자 파크스Rosa Parks가 버스의 흑인 전용 좌석을 백인에게 양보하길 거부한 사건으로 시작되었고, 마틴 루터 킹 주니어가 이끄는 몽고메리 버스 보이콧으로 발전하며 미국 전역의 민권운동에 불을 지폈습니다. 1968년은 흑인 민권운동의 상징과도 같은 마틴 루터 킹이 암살된 시기였지요. 데이비드 하비 교수가 부임했던 존스홉킨스 대학교는 1968년 마틴 루터 킹 암살 이후 가장 강력한 무력시위가 일어났던 곳이었어요.

이쯤 되면, 제가 아까 1960년대가 '평화와 번영'의 시기라고 했던 것이 조금 머쓱하게 느껴지네요. 사실 1960년대는 '평화와 번영'의 시기라기보다는 사회적 모순이 교차되는 시기였어요. 한쪽에서는 돈을 쏟아부어서 인프라를 재건하고, 경제는 번영을 구가하는 것처럼 보였지요. 다른 한편에서는 베트남전쟁이라는 명분이 약한 전쟁에 미국이 달러를 쏟아붓고, 많은 젊은이들은 전쟁터에서 목숨을 잃었습니다. 물론 베트남 사람들도 많은 희생을 겪어야 했지요. 게다가 링컨 대통령을 계기로 노예제가 폐지되고 나서도 여전히 인종차별은 미국 사회에 뿌리 깊게 남아 있었습니다.

케인스의 경제 이론은 미봉책으로 경제를 재건하는 데에는 괜찮았을지 모르지만, 사회문제에는 꽝이었어요. 자, 그럼 도심 곳곳에 빈곤한 아프리카인들이 모여 살고, 여기서 빈번하게 범

죄가 일어나는 문제를 어떻게 해결해야 할까요? 소탕하나요? 재개발하나요? 그런 일은 왜 일어나게 되었지요? 누구의 잘못 인가요? 아니, 누구의 잘못이 아니라고 한다면, 사회 시스템의 어떤 부분에 문제가 있고 어떻게 고쳐야 하는 것일까요? 이런 문제에 대해 누군가는 고민하고 답을 했어야 했겠지요.

철학적 배경: 비판철학과 앙리 르페브르

시계를 더 뒤로 돌려 보겠습니다. 일본의 히로시마와 나가사키에 핵폭탄이 떨어짐과 동시에 많은 사람들이 죽었고, 제2차 세계대전은 결국 연합국의 승리로 끝났습니다. 공교롭게도 자본주의와 사회주의가 손잡고 전체주의 세력인 독일, 이탈리아, 일본을 이긴 것입니다. 미국과 소련은 전 세계에 마지막 남은 두 마리 호랑이였다고 해도 과언이 아니었겠지요? 게다가 연합국 중 하나인 러시아의 수장은 자국 내에서 수많은 사람들을 숙청하고 권좌에 오른 스탈린이었다고요! 스탈린이 권좌에 오른 후 예조프시나Ежовщина(Great Purge 혹은 Stalin's terror라고 부릅니다) 또는 '대숙청'이라는 명목으로 최소 수십만명이 죽었습니다. 보는 사람에 따라 100만 명이 넘는 사람이 죽었다고 하기도 합니다. 살아남은 두 호랑이가 언제 맞붙을지 모르는 불안한 평화가 이어집니다.

　1945년에 전쟁은 끝났지만, 여전히 세계는 시끄러웠습니다. 일단 전쟁이 끝난 후 식민지 국가들의 거취 문제가 남아 있었습니다. 제국주의의 유산이었지요. 이것은 멀리 갈 것도 없이, 우리나라가 아주 적합한 사례예요. 우리는 일본으로부터 '광복'을 했지만, 불행히도 제2차 세계대전 종전과 동시에 국가를 수립하진 못했어요. 한국 내에서도 '사회주의'로 국가를 세워야 하는지, '자유주의' 국가를 세워야 하는지 의견이 분분했거든요. 한국뿐만 아니라 전 세계의 수많은 식민지 국가에서 이러한 문제는 언제 어디서 터질지 모르는 시한폭탄 같은 것이었어요.

　다른 한편으로는 전쟁의 가능성도 남아 있었어요. 이미 언급했지만, 제2차 세계대전까지 일어났는데, 3차 대전이라고 없으리란 법은 없잖아요. 냉전cold war이라는 표현이 이런 불안한 평화의 상황을 잘 보여 주지요. 그리고 위 문제와 관련하여 '민족 문제', 즉 어느 나라에서 시작된 갈등이든, 미국과 소련이 맞붙기만 하면 사상 초유의 세계대전이 일어날지도 모르는 엄청 위험한 상황이었어요. 나중에 이런 우려는 결국 현실화되는데, 한국전쟁을 통해 미국과 소련은 정면으로 맞붙을 뻔했지만, 사실 이때는 소련이 아닌 중국이 참전했기 때문에 미·소의 정면 대결을 피할 수 있었지요. 김일성이 스탈린에게 인천 옹진반도를 공격하겠다고 했을 때, 스탈린은 절대 미국을 자극해서는 안 된다고 신신당부를 합니다.

경제는 어땠을까요? 1929년 대공황으로 자본주의 경제는 최악의 위기를 맞았고, 그 이후 제2차 세계대전이 일어났어요. 물론 미국은 케인스 경제학을 일찍 받아들이고, 루스벨트 대통령이 뉴딜 정책 등을 잘 수행한 덕분에 그럭저럭 지나갔지만, 독일의 경우에는 최악의 인플레이션을 겪어야만 했지요. 이와 같은 경제의 불안정성이 제2차 세계대전의 직접적 원인 중 하나였음은 분명했습니다. 자본주의란 언제 어디에서 이런 공황을 만들어 낼지 모르는 녀석이라는 것이 밝혀졌거든요. 그런데 또다시 공황이 왔을 때도 케인스 이론이 먹힐지는 아무도 모르는 것이었어요.

조금 잔인한 사실은 **제2차 세계대전이 대공황을 돌파하는 방법**이기도 했다는 거예요. 자, 그럼 어떤 결론을 얻게 되지요? 세계에는 여전히 전쟁의 불씨가 남아 있고, 민족문제는 언제든 세계전쟁의 도화선이 될 수 있었어요. 자본주의는 전쟁을 통해 공황을 극복해 냈지요. 말 그대로 '창조적 파괴creative destruction'입니다. 그럼 언제든 최악의 전쟁이 일어날 수 있는 것이 아니겠어요?

너무 당연한 말이겠지만, 제2차 세계대전은 끝났어도 세상은 여전히 불안했어요. 사람들은 불안하면 무엇을 할까요? 내가 왜 불안한지, 그리고 도대체 무엇이 잘못되었는지 생각하는 이론이 힘을 받기 시작해요. 전후 소위 말하는 **비판철학**이 사람들의 주목을 받은 것은 이런 맥락에서입니다. 전쟁이 끝나도 우리가 불안한 이유는, 자본주의냐 공산주의냐 하는 체제의 문제라기보다는 근대를 만들어 낸 서구 이성 자체를 비판해 봐야 한다고 말하는 세력이 나타난 것이지요. 이들은 나중에 68혁명의 이론적 배경이 되기도 합니다. 사실 이 말은 조금 조심스러워요. 왜냐하면 68혁명이라는 사건 자체가 엄청나게 많은 나라에서 매우 다양한 방식으로 이뤄졌기 때문에, 도대체 어느 시위의 어떤 부분만 비판철학의 영향을 받았는지 콕 찍어서 말하기가 곤란하거든요.

비판철학은 막스 호르크하이머Max Horkheimer, 테오도어 아도르노Theodor Adorno, 허버트 마르쿠제Herbert Marcuse, 에리히 프롬Erich Fromm, 발터 베냐민Walter Benjamin 등의 사회비판적 사상을 가리키는 말이에요. 그중에서도 막스 호르크하이머와 테오도어 아도르노가 철학적으로는 가장 중요한 영향을 미쳤던 것 같고, 마르쿠제는 혁명의 도화선이 되었던 『일차원적 인간One Dimensional Man』(Marcuse, 2013)이라는 작품으로 유명합니다.

이들의 철학적 주장을 한마디로 요약할 수는 없지만, 말하자면 17세기 과학혁명의 자신감으로부터 비롯된 서구 이성 자체를 근본적으로 비판해 봐야 한다는 것이에요. 이 주제는 나중에 『포스트모더니티의 조건』에서 다시 다루게 됩니다. 테오도어 아도르노와 막스 호르크하이머가 공저한 『계몽의 변증법Dialek-tik der Aufklärung』(Adorno and Horkheimer, 1997)은 근대 서구 사회를 혹독하게 비판합니다. 저자들은 계몽주의가 이성을 절대화함으로써 신비주의와 무리한 비판을 배제하고, 결국 이성을 자연과 인간을 지배하고 통제하는 도구로 전락시켰다고 주장합니다. 이러한 과정에서 이성은 인간 해방의 수단이 아니라, 억압과 통제의 수단으로 변모했다고 주장하지요.

또한 이 책에서는 계몽주의가 어떻게 합리성과 과학적 사고의 이름으로 비인간화와 소외(소외는 마르크스 철학에서 아주 중요한 개념입니다)를 초래했는지를 설명합니다. 아도르노와 호르크하이머는 나치즘의 등장과 홀로코스트와 같은 극단적인

인류의 잔혹 행위가 **계몽주의 이성의 왜곡된 결과**라고 분석합니다. 이들은 계몽주의가 자연을 지배하려는 인간의 욕망을 반영하면서, 궁극적으로 인간 자신을 억압하고 파괴하는 역설에 빠졌다고 지적합니다. 이 내용은 나중에 데이비드 하비의 『포스트모더니티의 조건』에서도 다시 한번 중요하게 언급됩니다.

비판철학의 근대 문화 비판은 1960년대 대학생들에게 정서적으로 큰 영향을 미쳤습니다. 특히 학생들에게 실질적으로 크게 영향을 미친 작품은 아까 언급한 마르쿠제의 『일차원적 인간』이었습니다. 마르쿠제는 자본주의 사회가 개인의 자유와 비판적 사고를 억압한다고 주장했습니다. 그는 이 사회를 '일차원적'으로 묘사하며, 이는 사람들이 주어진 상태에 만족하고 기존 체제에 문제를 제기하지 않는 상태를 의미합니다. 이러한 관점은 당시 젊은이들 사이에서 강력한 공감을 불러일으켰습니다. 말하자면 시위하지 않으면 일차원적 인간이라는 식의 말이 설득력을 가지게 된 것이지요.

마르쿠제는 소비주의와 물질주의가 인간의 참된 욕구를 억누르고, 자유와 창의성을 제한한다고 주장했습니다. 이는 1960년대의 젊은이들 사이에서 대중문화와 소비사회에 대한 비판적인 태도를 강화하는 데 도움을 주었습니다. 소비문화 하면 생각나는 사람이 없나요? 케인스 경제학에서는 소비를 강조합니다. 특히 마르쿠제의 영향력이 미국에서 강력했다면, 프랑스에서 마르쿠제만큼 강력한 철학적 불씨가 된 사람은 바로 앙리 르페브르 Henri Lefebvre였습니다.

그림 5. 앙리 르페브르

여기서 비판철학은 아니지만, 앙리 르페브르에 대해 잠깐 언급할 필요가 있습니다. 왜냐하면 그는 데이비드 하비의 '공간생산' 이론에 직접적인 영향을 주었고, 1968년 5월 학생운동의 발상지 중 하나였던 파리 낭테르 대학교에서 그 시기에 교수 생활을 했던 인물이기 때문입니다. 정확히 말하면 낭테르 대학교의 폐쇄를 계기로 소르본 대학교 학생들이 봉기하게 되었지요. 추후 앙리 르페브르의 『공간의 생산』(Lefebvre, 1974)이 영어로 번역되어 미국에서 출간되었을 때, '에필로그'를 데이비드 하비가 쓰게 됩니다. 그만큼 하비에 대한 르페브르의 영향은 강력했습니다.

평생 70권 가까운 책을 쓴 르페브르의 철학과 인생을 요약하기는 쉽지 않지만, 두 저서에 주목할 필요가 있습니다. 하나는 『일상생활 비판』(Lefebvre, 1968), 다른 하나는 『공간의 생산』이에요. 후자는 공간 개념에 대한 심도 있는 철학적 분석을 진행하여, '공간' 개념을 탐구하는 건축학, 도시계획학, 지리학, 사회학 등 많은 학문에 영향을 줍니다. 하지만 이 시점에서 언급하고 싶은 것은 나중에 그가 가지는 철학적 역할이 아니라, 1968년 그의 상황이었어요. 그는 30년 넘게 공산당원으로 활동하면서, 1956년 스탈린주의에 반대하는 운동을 했다가 결국 당에서 축출당합니다.

　1965년에는 낭테르 대학교, 바로 '68혁명의 발상지' 중 하나인 대학에서 학생들에게 영향을 미치게 됩니다.『공간의 생산』영어 번역판 에필로그에서 데이비드 하비가 쓴 표현에 따르면, '아버지' 같은 존재였다고 합니다. 사실 우리가 알고 있는 르페브르의 공간에 대한 사유는 1968년 이후의 저작들입니다 (Lefebvre, 1974). 68혁명 이후 그는 '공간'이라는 주제에 천착하여 수많은 책을 쓰고, 1974년 지리학적으로 중요한 작품인 『공간의 생산』을 내놓게 됩니다. 어쨌든 여기서 중요한 점은, 앙리 르페브르는 비판철학 그룹과 달리 직접적으로 68혁명의 출발점에 있었던 인물 중 하나였다는 것입니다. 68혁명을 다루는 많은 글에서 독일의 프랑크푸르트학파 즉 비판철학에 대한 언급은 많지만, 앙리 르페브르의 직접적 역할에 관해서는 상대적으로 덜 다뤄진 측면이 있어 보입니다. 68혁명은 그의 사고에 큰 영향을 미쳤는데, 나중에『도시에 대한 권리Le Droit à la Ville』

(Lefebvre, 1968)를 썼으며, 이 책 역시 데이비드 하비의 후기 사상에 영향을 줍니다.

지금까지의 내용은 68혁명이 일어나게 된 배경에 불과합니다. 이제부터는 구체적으로 68혁명이 어떤 식으로 전개되었는지를 살펴보겠습니다. 사실 데이비드 하비의 이야기를 하다가 너무 멀리 돌아간 느낌도 있지만, 결국 하비 교수가 어떤 고민을 통해 마르크스를 공부하게 되었는지 알기 위해 필요한 대목입니다. 나중에 보겠지만, 하비 교수는 프랑스 역사에 정말 진심입니다. 특히 독특한 좌파 철학자인 앙리 르페브르와 하비 교수의 사상은 상당히 밀접하게 연결되어 있기 때문에 이 부분을 이해하는 것이 중요합니다. 다음은 프랑스 사정을 중심으로 68혁명 이야기를 좀 더 해 보겠습니다.

1968년 사회운동의 전개: "모든 형태의 억압으로부터 해방"

1968년 사회운동은 전 세계적으로 발생한 광범위한 정치적·사회적 변화를 가져온 중요한 사건입니다. 이 운동의 배경은 1960년대의 여러 긴장 요소에서 비롯되었어요. 냉전의 지속, 베트남전쟁 반대, 인종차별과 민권운동, 그리고 학생과 청년 세대의 정치적 소외감이 주요 원인이었지요. 이 시기는 또한 문화적·사회적 규범에 대한 도전과 변화의 시기였으며, 전통적인 가치와 권위에 대한 광범위한 재평가가 이루어졌습니다. 베트남전쟁 반대는 많은 나라에서 대규모 시위를 촉발시켰으며, 미국과 유럽의 여러 도시에서는 인종차별, 사회적 불평등, 교육 시스템에 대한 항의가 확산되었습니다.

1968년 5월 사건은 프랑스에서 발생한 중요한 사회적·정치적 혁명으로, 당시의 프랑스 사회에 깊은 영향을 끼쳤습니다. 1968년 5월, **프랑스 파리의 낭테르 대학교와 소르본 대학교**에서 시작된 학생 시위는 1968년 사건의 핵심적인 시작점이었지

Paris. May 1968

그림 6. 1968년 베를린 시내에서 열린 베트남전쟁 반대 시위

요. 이 시위들은 교육 시스템의 개혁, 정치적 자유의 확대, 베트남전쟁 반대 등을 요구했습니다. 이 시위는 곧 폭력적으로 변했으며, 이는 경찰과의 충돌로 이어졌습니다.

이 시위는 전국적인 학생운동으로 확산되었으며, 사회적 변화에 대한 강력한 요구를 촉발했습니다. 시위가 빠르게 전국적인 규모로 확산되면서, 노동자들과 다른 사회계층이 학생들의 시위에 동참했어요. 특히 파업과 시위는 정부와 교육기관에 광범위한 불만을 드러내며 격화되었습니다. 게다가 프랑스 한 곳에서만 일어난 것이 아니고 이탈리아, 독일 등에서도 시위가 일어납니다.

이 시기 프랑스는 급격한 경제적·사회적 변화를 겪고 있었어요. 경제적 번영과 산업화는 전통적인 사회 구조와 가치에 대한 도전을 가져왔으며, 특히 젊은 세대는 기존의 권위와 전통에 더 큰 비판적 태도를 보였지요. 1968년 5월 사건은 이러한 변화의 배경 아래 일어났으며, 사회적 균열과 세대 간의 갈등을 노골적으로 드러냈어요. 또한 이 사건은 프랑스 내에서의 노동조건, 교육 시스템, 정치적 자유에 대한 폭넓은 논의를 불러일으켰으며, 이는 후에 사회 및 정치적 개혁으로 이어졌습니다.

프랑스에서 일어난 일을 정리해 보면 아래와 같습니다. 1968년 운동은 샤를 드골 대통령 정부에 큰 위기를 초래했습니다.

당시 드골 정부는 심판대에 올라서게 된 것이었어요. 대규모 시위와 파업은 정부의 리더십과 정책을 향한 심각한 도전으로 여겨졌으며, 이에 드골은 곤란에 처했지요. 드골은 결국 군을 동원하여 질서를 회복시켰고, 위기에 대응하기 위해 국회를 해산하고 국민에게 재신임 투표를 제안했습니다. 이 선거에서 드골의 당인 **공화국민주연합**Union des Démocrates pour la République**은 압도적인 승리**를 거두었습니다. 이 결과는 드골과 그의 정부를 광범위하게 지지함을 반영하는 것으로, 당시 프랑스 국민의 대다수가 안정과 질서를 선호한다는 것을 보여 주었습니다. 말하자면 시위대보다는 정부의 편을 든 것이지요.

비록 당시 시위와 파업이 즉각적인 정권 교체를 가져오지는 않았지만, 1968년 5월 사건은 프랑스 사회와 정치에 장기적인 변화를 촉발했습니다. 이 운동은 교육, 노동, 여성의 권리 등 다양한 분야에서의 개혁을 촉진했으며, 프랑스 사회에 더 개방적이고 자유로운 분위기를 조성하는 데 기여했지요. 특히 젊은이와 여성들에 대한 사회적 인식과 정책이 크게 변화했으며, 이는 나중에 1981년 프랑수아 미테랑의 사회당 정부로 이어지는 길을 마련했습니다.

1968년 5월 사건은 프랑스뿐만 아니라 전 세계적으로도 중요한 영향을 미쳤습니다. 이 사건은 1960년대 말 글로벌 반체제

운동의 일환으로, 전통적인 가치와 기존 정치체제에 대한 광범위한 도전을 상징합니다. 이 운동은 특히 젊은 세대의 정치적·문화적 참여를 증대시켰고, 이 시기의 항의 활동과 시위는 민권운동, 여성운동, 환경운동 등 후대의 다양한 사회운동에 영감을 주었습니다.

역설적이게도 데이비드 하비는 1969년까지 영국 브리스틀 대학교에서 강의를 했지만, 정작 혁명의 분위기와는 동떨어져 있었던 것 같아요. 첫 저작 『지리학에서의 설명』이 1969년에 출간된 것을 생각해 본다면, 1968년까지는 정말 열심히 책을 썼을 것으로 추측됩니다. 정작 그에게 혁명의 분위기를 확 느끼게 해 준 것은, 1969년 혁명의 분위기가 어느 정도 가라앉은 후 미국에 도착해서였습니다. 그 이야기는 『사회정의와 도시』 편에서 좀 더 이어 나가 보도록 하겠습니다.

『사회정의와 도시』, 1973

하비, 마르크스에 눈뜨다

이번에는 미국으로 가 보겠습니다. 하비 교수는 책을 마무리하고 미국으로 건너가 존스홉킨스 대학교에서 교수 생활을 시작합니다. 지금까지 68혁명의 이야기를 이렇게 길게 한 것은 결국 미국에서의 분위기를 설명하기 위해서였습니다. 미국 역시 그러한 영향에서 자유롭지 않았거든요.

68혁명의 분위기에서 민권운동의 히어로였던 마틴 루터 킹의 암살을 계기로 많은 도시에서 폭동이 일어납니다. 그중 가장 격렬하게 일어난 곳이 볼티모어였어요. 시위는 처음에 평화적으로 이뤄졌으나, 6일째부터는 창문을 부수고 상점을 약탈하는 등 폭력적인 사태로 번지기 시작했어요. 린든 존슨 대통령이 당시 연방군의 투입을 결정할 정도였지요. 결국 1만 명이 넘는 군인과 경찰이 동원되어 사태를 진정시켰어요. 그 와중에 5명이 숨지고 404명이 체포되었습니다.

　1969년에는, 작년에 일어났던 폭동, 더 나아가서는 지금까지 다룬 1968년은 무엇이었는가? 그리고 미국 사회는 지금 무엇이 문제인가? 지금 볼티모어에서 이런 일이 다시 일어나지 않게 하기 위해서는 무엇을 해야 하는가? 당연히 지식인들은 이러한 문제를 고민해야 했어요. 1973년 발간된 『사회정의와 도시Social Justice and the City』라는 저작에는 하비 교수의 이러한 고

민이 잘 담겨 있습니다.

데이비드 하비는 존스홉킨스 대학교에 임용되어 그 폭동이 왜 일어났는지, 어떤 문제가 있었는지를 조사하는 프로젝트에 참여했습니다. 이때 하비는 주택 문제에 주목했고, 폭동이 도시 내의 불평등(Verso Books와의 인터뷰, 2023)과 관련이 있을 것이라는 가설을 세우게 되었습니다. 그러나 당시에는 사회학이나 도시경제학 분야에서 이러한 주택 불평등과 폭동 사이의 연결고리를 찾기 어려웠어요. 이에 하비는 마르크스의 저작을 공부하기 시작했습니다.

분명 볼티모어에는 소위 '게토ghetto'가 존재했어요. 게토는 원래 유대인을 격리시키는 지구를 이야기하는 것이었지만, 나중에는 특정 인종이 모여 사는, 주로 가난한 동네를 뜻하는 것으로 그 의미가 확장되지요. 볼티모어 시위는 확실히 '가난'과 '도시' 그리고 '인종' 문제가 섞여 일어난 것이었어요.

그중에서 '가난'과 '도시'에 집중해 보지요. 왜 가난한 사람들은 도심에 다닥다닥 모여 살면서 게토를 형성하는 것일까요? 어떤 블록은 잘 정비되어 사람들이 살기 좋은 반면, 왜 몇 블록만 가면 총소리가 들리고 치안이 불안한 것일까요? 이 문제를 도시경제학에서는 어떻게 설명할까요? 오늘은 이 문제에 대해 간단히 설명해 보도록 하겠습니다.

이 문제는 도시경제학자인 알론소Alonso의 입찰지대곡선을 통해 한번 짚어 보도록 하지요. 우리는 알론소의 도시지대론을 〈그림 7〉과 같은 그래프로 많이 접합니다. 이 아이디어는 이미 튀넨의 고립국이론으로 완성된 것이었어요. 사실 알론소의 기여는 입찰지대론을 도시에 '적용'했다는 데 있지 않습니다. 이 이야기는 매우 중요하니 잠시 후 더 자세히 다루기로 하지요.

사실 여기서 눈여겨봐야 할 단어는 '입찰'지대곡선이에요. 영어로는 bid rent curve라고 합니다. 입찰이란 도시 지대를 결정할 때, 가장 돈을 많이 내는 순서대로 결정하게 하는 것이지요. 말하자면 "이 토지를 이용할 사람?"이라고 했을 때 가장 높은 가격을 부르는 사람이 이용하게 하는 거예요. 그러니까 가장

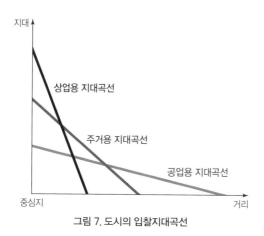

그림 7. 도시의 입찰지대곡선

많은 돈을 벌 수 있는 사람이 가장 좋은 꿀입지를 차지하고, 상대적으로 돈을 적게 부르는 사람은 사람들이 좋아하지 않는 땅을 차지하는 거예요. 말하자면 〈그림 7〉과 같은 곡선이 형성된다고 할 수 있습니다. 여기서의 가정은 '이익＝가격－비용(교통비＋생산비)'이 되는 것이고, 이 중에서 다른 조건이 같다고 한다면 교통비가 커질수록 더 가파르게 우하향하게 되는 것이지요.

여기서 알 수 없는 문제가 하나 발생합니다. 그것은 "**왜 도심에 게토가 형성되는가?**" 하는 문제였어요. 알론소는 도시에 입찰지대곡선을 적용해서가 아니라, 바로 이 문제를 해결했기 때문에 유명했던 거예요. 우리나라는 부동산에 엄청나게 관심이 많은 나라라서 초기 도시사회학자인 버제스Burgess의 동심원이론이나 호이트Hoyt의 선형이론 등을 다 들어 봤을 텐데요. 이 이론들은 저 입찰지대곡선처럼 '일관되게' 게토를 설명해 내지 못해요. 게토는 도시 외곽이 아니라 중심가에 형성되거든요. 건조하게 말하자면, 왜 가난한 사람들이 도심에 거주하고, 중산층이나 여유 있는 사람들은 외곽에 살게 되는가?

알론소는 이 문제를 다음과 같이 해결합니다. 먼저 한계효용 곡선을 하나 그려 볼 수 있어요. 주택은 기본적으로 두 가지 효용이 충돌한다고 가정해요. 아까 본 것처럼 지대는 중심에서 멀어질수록 우하향하니, 여러분은 외곽으로 나갈수록 더 넓은 집에 살 수 있어요. 더 넓은 집에 살수록 만족도가 올라가지요. 그런데 반대로 거리가 멀어지면 출퇴근 시간이 길어져요. 그러므로 여러분은 더 많은 시간을 출퇴근

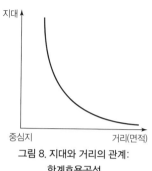

그림 8. 지대와 거리의 관계: 한계효용곡선

에 보내야 하지요. 그래서 주택의 함수는 '거리(교통비)'와 '면적(만족도)'이 서로 반비례하는 형태라고 볼 수 있는 것입니다. 따라서 〈그림 8〉과 같은 함수가 그려집니다.

그런데 막상 각 개인의 한계효용곡선은 다르게 형성되어요. 여기 두 사람이 있습니다. 한 명은 돈이 부족해요. 그래서 이 사람이 느끼는 거리의 한계효용은 클 수밖에 없어요. 따라서 〈그림 9〉의 굵은 선처럼 가파르게 우하향하는 곡선이 그려집니다. 그런데 부자들은 어때요? 부자들

그림 9. 소득 수준에 따른 입찰지대곡선

은 거리비용의 한계효용이 낮습니다. 그러므로 기울기가 완만하지요. 그래서 교통비를 기꺼이 지불하고서라도 보다 넓은 면

적의 집을 사고 싶어 하는 거예요. 소위 이 내용이 미국에서는 흔한 스프롤sprawl 현상, 즉 도시가 외곽으로 넓게 퍼져 나가는 현상을 아주 멋지게 설명해 내지요.

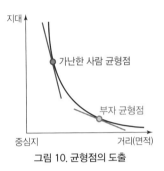

그림 10. 균형점의 도출

알론소의 쿨한 점은 이 두 그래프를 합쳤다는 거예요. 즉 동일한 입찰지대곡선에서 가난한 사람의 균형점과 부자의 균형점은 다르게 나타난다는 것을 입증한 거지요. 가난한 사람은 교통비가 큰 부담이기 때문에 취업 기회가 많은 시장 안쪽으로 입지하게 됩니다. 물론 여기에서는 더 높은 지대가 형성되어 있어요. 하지만 가난한 사람들은 넓은 면적을 차지하면서 주거효용을 누리기보다는, 좁은 평수라도 비싼 임대료를 내면서 시장에 가까이 입지하려고 해요. 도심에 아파트보다는 비싼 오피스텔이 형성되는 것은 이와 같은 원리로 이해해 볼 수 있겠지요.

사실 이 이론은 벌써 1960년대에 나온 이론이에요. 그래서 게토가 중심가에 형성되는 것을 '도시경제학' 혹은 '입찰지대곡선'이 설명해 내지 못한 것은 아닙니다. 이미 알론소의 입찰지대곡선은 게토가 왜 중심가에 형성되는지를 훌륭하게 설명해 낸 것이지요. 사실 저는 버제스의 동심원이론이나 호이트의 선형이론, 해리스Harris와 울먼Ullman의 다핵심이론보다 알론소의 이론이 도시경제학에 기여한 바가 크다고 생각해요. 개인의 한계효용 개념을 적용해 도시의 공간구조를 설명해 내는 정말 쿨한 이론이지요!

하비는 이 이론을 충분히 이해하고 있었습니다. 1973년 『사회정의와 도시』에서 알론소의 전후로 입찰지대론이 공간 구조를 해석하는 데 기여가 있었다는 점을 충분하게 설명했습니다. 물론 이 글에서는 하비의 글보다도 조금 더 풀어서 설명했습니다. 그러나 하비의 논의는 여기서 멈추지 않고, 결국 마르크스를 도입할 암시를 주면서 글을 마무리합니다.

입찰지대곡선이 게토를 설명하지 못해 하비가 마르크스를 가지고 왔다? 이것은 반은 맞고 반은 틀린 설명이에요. 알론소의 입찰지대곡선은 게토가 왜 도심에 입지하는지 훌륭하게 설명해 냈어요. 그런데 이 상황이 지속되면 어떻게 될까요? 그래프 안에 살고 있는 가난한 사람들은 게토 안에서 영원히 균형점에 만족하면서 살게 될까요? 한계효용에 맞게 사는 사람들이 누적되면 또 어떻게 될까요? 이런 것을 동학dynamics이라고 하는데, 이와 같은 선택이 누적되고 교차되었을 때 도대체 무슨 일이 일어날 것인지 설명이 필요했습니다.

누구나 볼티모어의 도시 문제가 어느 정도는 폭동과 연결된다고 추측할 수는 있었어요. 알론소에 따르면 왜 도시에 게토가 형성되었는지 이제 알 것 같아요. 하지만 이러한 방식으로는 계속 게토는 형성되고, 나중에는 '황폐화'되었다는 논리로 자본에 의한 재개발이 추진되겠지요.

이 문제에 대해서는 다음 글에서 더 자세히 다뤄 보겠습니다.

대학원생은 기숙사에 산다:
데이비드 하비의 입찰지대곡선 비판

　앞서 우리는 어떻게 입찰지대곡선이 게토 문제를 설명하는지 알아보았습니다. 주택은 크게 지대(시장과의 접근성)와 넓이(주거 만족도)가 반비례하는 관계에 있는데, 가난한 사람의 한계효용곡선이 더 가파르기 때문에, 즉 시장과의 접근성에 더욱 민감하게 받아들이기 때문에 도심 주변에 살 수밖에 없고, 중산층은 상대적으로 한계효용곡선이 완만하게 형성되기 때문에 도시 외곽의 넓은 집을 선호하며, 어느 정도 출퇴근을 감내합니다.

　이와 같은 설명은 비록 완벽하진 않지만, 제법 많은 것들을 설명해 줄 수 있어요. 도심은 단순히 지대가 비싸서 상업용 지대곡선이 형성되고, 외곽에는 주거용 지대곡선이 형성된다는 것은 알론소 아이디어의 출발점일 뿐이지 도착점이 아닙니다. 마찬가지로 버제스의 동심원이론은 게토가 형성되는 '동학'을 일관적으로 설명해 내지 못했던 것이지요.

『사회정의와 도시』에서 하비는 정확하게 지적합니다. 알론소 아이디어의 핵심을 정확하게 짚고 넘어가지요.

> 빈민들은 교통에 지출할 돈이 매우 적기 때문에, 이 집단의 입찰지대곡선은 눈에 띄게 가파를 것이다. … 즉 빈민은 높은 지대에 살도록 강제된다는 뜻이다. … 이 이론은 주택시장에 흔히 '파레토 최적Pareto optimality'이라고 하는 상황을 달성하는 데 기대고 있다.

이미 언급한 것처럼, 당시는 하비 교수가 마르크스의 이론이 현대 도시 문제를 해결하는 데 매우 큰 도움이 된다고 생각하던 시기예요. 그러나 이 글에서도 마르크스의 아이디어를 정면에 드러내지 않습니다. 다만 엥겔스의 글을 통해 파크Park와 버제스Burgess와 같은 도시공간구조론의 아이디어가 이미 마르크스 사상에 어느 정도 녹아 있음을 암시하지요. 하비가 언급한 엥겔스의 인용구 중 하나는 이것입니다.

> 나는 어디서나 그리 큰 길에는 열악한 건물보다 번듯한 건물이

많다는 것, 큰 길에서 가까운 땅이 큰 길에서 멀리 떨어진 땅보다 가치가 높다는 것을 알고 있다. 그러나 다른 한편으로 나는 맨체스터만큼 큰 길에서 노동계급을 체계적으로 차단하는 도시, 부르주아의 눈과 신경에 거슬릴 만한 모든 것을 세심하게 감추는 도시를 본 적이 없다(프리드리히 엥겔스, 2014: 64-65).

이 글은 알론소의 도시지대론의 핵심과 거의 완벽하게 일치합니다. 한계효용곡선과 파레토 최적을 언급하지 않아도, 당시 최고의 공업도시였던 맨체스터의 상황을 묘사함으로써 도시 지대와 계급의 관계를 포착해 낸 것이지요. 아까 알론소의 이야기를 '노동자'와 '자본가'로 살짝 바꿔 보면 어떨까요? 노동자는 도심 가까운 곳에 모여 살며 열악한 주거 환경에서 생활하지요. 하지만 자본가는 출퇴근할 여유가 있기 때문에 도시 외곽에서 공장으로 출퇴근해도 됩니다.

저의 대학원 시절에 이 이론은 근사해 보였어요. 이렇게 생각해 보면 어떨까요? '가난한 사람'을 '대학원생'으로 '부자'를 '교수'로 치환해 보는 거예요(물론 현실에서는 반대의 경우도 많습니다). 당시 제가 아는 많은 대학원생들은 학교의 기숙사에 살거나, 학교 근처에 방을 얻어 살았어요. 물론 자기 집이 서울에 있는 경우는 집에서 출퇴근을 하지요. 그런데 교수님들은 학교 근처에 방을 얻어 살지는 않겠지요. 더 나은 주거 환경이 있는 곳에서 출퇴근합니다.

막 유학 갔다 와서 학교에 정착한 교수님들은 대학교로부터 멀지 않은 곳에서 출퇴근하는 경향도 있어 보였어요. 심지어 학교 안에 교수 아파트도 있지요. 그러나 교수님들도 연차가 쌓이고 경제적으로 더욱 안정되면, 굳이 학교 근처에 있을 필요가 없습니다. 대학원 시절에 이런 이야기를 하면서 "그럼 대학원 기숙사가 하비가 말한 볼티모어의 게토가 되는 것인가?" 하면서 키득거렸던 기억이 납니다.

당시 하비 교수의 생각은 '도시지대론이 공간구조를 설명해 낼 수 없다'는 것이 아니라, '도시지대론은 공간구조를 설명할 수 있지만, 그와 같은 공간을 가능하게 하는 관계를 뒤집어야 한다'는 것이었어요. 하비 교수는 또 이렇게 지적합니다.

손쉬운 접근은 이 이론을 만들어 내는 데 기여하는 메커니즘을 제거하는 것이다. 이때 메커니즘은 아주 간단하다. 바로 토지이용을 위한 경쟁적 입찰이다(Harvey, 1973).

잉? 이것은 또 무슨 이야기인가요? 그러니까 하비 교수의 생각은 도시 입찰지대곡선을 가능하게 하는 도시 공간구조의 '원

리principle'를 손대야 한다는 것입니다. 그 원리라는 것은 두말할 나위도 없이 입찰지대곡선을 가능하게 하는 자본주의적 토지이용이 되겠지요. 그렇다면 우리가 알고 있는 상식으로 자본주의적 토지이용의 반대말은 사회주의적 토지이용이 되나요? 사실 꼭 그렇다고 보기는 어렵습니다.

알론소의 지대곡선은 완전경쟁의 시장 상황에서 가능한 한계효용곡선에 불과하기 때문에 정부 규제 등의 상황을 정확하게 가정하고 있지는 않습니다. 그러나 현실의 토지 시장은 수많은 정부 규제로 인해 알론소의 지대곡선이 있는 그대로 일어나기는 어렵지요. 우리는 토지이용을 '자본주의적'으로 하고 있지만,

동시에 정부는 토지이용을 '계획planning'하고 '규제regulation'합니다.

　대표적으로 LTV(담보인정비율) 같은 것이지요. 주택을 구매하는 데 50%만 대출할 수 있게 하는 것은 정부 규제에 해당합니다. 가계 부채가 너무 커지지 않게 하기 위해 정부는 이런 조치를 취하는 것이지요. 그러므로 애초에 입찰지대곡선은 이론적인 자유시장경제 속에서나 존재하는 것으로, 어차피 '상상' 속에서만 존재하는 모델이라는 것입니다. 하지만 '상상'이라는 말을 통해 입찰지대곡선의 학문적 의의를 폄하하고 싶은 것은 아닙니다. 이러한 '상상'은 현실이야 어떻든 간에 '원리'를 설명하려고 한다는 점에서 매우 중요합니다. 예를 들어, '정책'이라는 외부요인이 없을 때 도시는 어떤 원리에 의해 형성될까를 생각해 보는 것이지요.

　하비 교수는 자본주의적 입찰지대곡선 자체를 회의합니다. 도시 공간을 배치하는 원리로서 '토지이용의 경쟁적 입찰'을 '의심'하고 '변화'시킬 필요가 있다는 것이지요. 그리고 그는 이 책의 말미에서 이와 같은 불안정한 상황이 추후 '재개발'로 이어질 것임을 예상하고 있습니다. 사실 이것이 1970년대 이후 나타나는 부동산 재개발 붐을 예언한 것이라고도 볼 수 있지만, 그렇게 놀랄 만한 예언도 아닙니다.

도심에 '게토'가 있다고 했을 때 가장 좋은 방법은 이 게토를 쓸어버리고 멋진 새 건물을 짓는 거예요. 자본가의 입장에서 이러한 대안은 아주 손쉬운 대안이지요. 왜냐하면 앞으로 이 건물에 입주할 사람들은 이 공간을 정비하고 새 건물을 올리는 비용을 지불해야 할 것이거든요. 그럼 원래대로 비싼 '상업적 지대 곡선'이 형성되는 거예요. 이와 같은 재개발이 일어나면 게토를 형성하며 살고 있던 원주민들은 어딘가로 떠나야만 하는 상황이 되겠지요. 이러한 상황은 '도시 미관' 정비라는 명목으로 자본의 힘이 아니라 정치권력의 선택이 되기도 합니다. 특히 '올림픽'과 같은 국가 스포츠 행사를 계기로 흔하게 일어나는 일입니다. 한국에서는 88서울올림픽, 중국에서는 베이징올림픽 이전에 대대적인 도시 미관 개선이라는 이유로 도시 정비가 일어났지요.

다시 하비의 이야기로 돌아옵니다. 『사회정의와 도시』는 데이비드 하비가 마르크스적으로 생각하기 시작한 시점에 쓴 글이라는 점에서 의의가 있습니다. 개인적으로 이 글을 읽으면서 하비의 엄청난 생각의 스케일에 놀라게 되었어요. 사실 이 글은 한 편의 에세이로서 『과학혁명의 구조』를 쓴 토머스 쿤을 고찰하면서 시작합니다. 이 아이디어는 원래 하비의 첫 저작인 『지리학에서의 설명』에서 온 것입니다. 지리학으로 눈을 돌려 왜 계량혁명이 기존 지역지리학을 일부 대체할 수밖에 없었는지를 설명하고, 그 계량혁명의 한계를 지적한 후 도시사회학자와 도시경제학으로 시선을 돌립니다. 그리고 알론소의 입찰지대곡선이 어떻게 도시 빈곤 문제를 설명하는지 해석한 후, 입찰지대곡선을 가능케 하는 전제를 비판해야 한다고 마무리 짓지요. 거의 현대 사회과학을 한 바퀴 돌아온 것 같은 엄청난 스케일입니다.

이와 같은 엄청난 스케일은 사실 하비 교수 이론의 장점이기도 하지만, 때로는 장점이 아닐 수도 있습니다. 이 글은 학문적으로 많은 통찰을 불러일으키는 좋은 글입니다. 하지만 학문은 그런 것이 아니지요. 작은 것이라도 무엇인가를 '밝혀내야' 하는 것입니다. 조금 과감하게 말한다면, 이 글은 '변죽'만 울릴 뿐 도시 공간구조 문제의 본질에는 다가가지 못한다는 것입니다. 하비 교수는 이 사실을 너무나 잘 알고 있었을 거예요. 이때까지 하비 교수는 발톱을 숨기고 있었거든요. 말하자면 커밍아웃 coming-out(보통 동성애 사실을 밝힌다는 의미로 사용하지만, 이 글에서는 '마르크스' 사상을 존중하고 연구한다는 의미로 사용)을 하기 전이랄까요?

면밀하게 연구하는 학자인 하비는 이 글이 '변죽만 울리는' 글임을 알고 있었고, 더욱 진지하게 마르크스에 근거하여 도시 공간구조를 설명하려고 합니다. 그와 같은 설명은 나중에 다른 저작으로 이어지게 되지요.

저도 지리학을 공부하는 사람으로서 이 당시 하비의 글에 대해 한마디만 얹고 싶네요. 이 글을 쓸 때 데이비드 하비 교수의 나이는 30대 중후반 정도 되었을 거예요. 지금 하비 교수가 80이 넘어서도 왕성하게 활동하는 것을 보면 상대적으로 많이 젊었을 때 쓴 글이지요. 이때까지만 해도 하비 교수의 생각은 슈퍼맨처럼 여기저기 날아다니는 것 같은 느낌을 받습니다. 저 역시 좀 더 어렸을 때를 생각해 보면 이 세상 온갖 이론들이 다 연결되어 있고, 그것들을 모두 짬뽕해서 글을 쓸 수 있었던 것 같은 느낌이 들 때가 있었습니다. 하지만 하비 교수의 엄청난 독서량과 문화적 소양에는 비할 바가 아니지요. 제가 말하고 싶은 것은, 이것이 하비 교수의 장점이자 단점이었다는 것입니다. 너무 많은 이야기를 하다 보니, 논지가 명확한 글조차도 그 논지를 어렵게 느껴지게 할 때가 많습니다. 이와 같은 장단점은 나중에 『포스트모더니티의 조건』에서 폭발하게 되는데, 그 이야기는 나중에 또 하도록 하지요.

『자본주의적 도시 과정: 분석을 위한 틀』(1978)로 가기 위해

　지금까지 우리는 1973년 『사회정의와 도시』가 발간될 때까지 하비의 저작과 사상의 흐름을 살펴보았어요. 그러고 보니 저의 책을 쓰고 있는 이 시점이 『사회정의와 도시』가 발간된 지 50년 되는 해네요. 요약하자면, 1969년 하비는 존스홉킨스 대학교에 와서 볼티모어 사회에 대한 보고서를 쓰면서 마르크스의 사상에 심취하게 되었고, 그 1차 결과물로 『사회정의와 도시』를 출간합니다. 이때까지만 해도 하비의 문제 제기는 굉장히 과감하고 신선했어요. 그런데 문제가 있었어요.

　전 세계에는 마르크스주의 학자가 헤아릴 수 없이 많습니다.

각자 자기 시선에서 마르크스를 이해하고 분석하지요. 말하자면 데이비드 하비는 마르크스의 이론으로 도시를 분석하겠다고 과감하게 나오는 데 성공했지만, '이론적으로 튼튼한가?'는 좀 다른 문제예요.

『사회정의와 도시』의 결론부에서 하비는 마르크스가 최종 대안이라고 소개합니다. 좀 심할 정도로 마르크스 사상에 대한 애정을 드러내지요. 라이프니츠, 스피노자, 칸트, 헤겔을 다 지나서 결국 마르크스에 의해 서양철학이 대통합을 이룬 것처럼 묘사합니다. 그러면서 기존 마르크스주의자들을 혹독하게 비판합니다.

기존 소위 마르크시스트Marxists가 마르크스 저작에서 얻을 수 있었던 가장 소중한 도구들을 제대로 이해하지 못한 것은 매우 불행한 일이다(Harvey, 1973).

나중에 언급하겠지만, 소위 정통orthodox한 마르크스주의 학자들이 데이비드 하비를 보는 시선은 그렇게 곱지만은 않습니다. 왜냐하면 이미 전 세계에는 자기가 마르크스의 최고 권위자라고 생각하는 수많은 학자들이 있거든요. 그 학자들은 마르크스의 본령을 자신이 더 잘 파악하고 있다고 생각합니다. 그리고 누가 뭐라고 해도 마르크스 이론의 본질은 자본주의 모순에 대한 통렬한 비판이며, 노동자의 승리에 대한 확신입니다. 『공산당 선언』은 결국 "만국의 노동자여, 단결하라!"라는 메시지로 끝나지요. 그런 학자들에게 하비의 저작이 인정받기는 아직 좀 어려웠어요.

『사회정의와 도시』에서 또 하나 짚고 넘어갈 점은, 이미 이 시점에서 데이비드 하비는 앙리 르페브르에게서 많은 영향을 받았다는 것입니다. 아마 이 시기는 앞서 언급한 것처럼 68혁명이 끝난 시점이고, 앙리 르페브르는 '도시'와 '공간', '마르크스'를 연결하는 지적인 작업을 왕성하게 하던 때입니다. 1970년에 『도시혁명La révolution urbaine』, 1972년에는 『마르크스주의 사상과 도시La pensée marxiste et la ville』를 출간합니다. 하지만 이때 앙리 르페브르의 『공간의 생산La Production de L'espace』(1974)의 영향은 거의 받지 않았다고 하비 교수는 말합니다.

이미 언급했듯이, 앙리 르페브르는 68혁명 당시 낭테르 대학교의 존경받는 교수였어요. 데이비드 하비가 볼티모어 폭동 이후 마르크스를 '발견'했다면, 앙리 르페브르는 30년 동안이나 공산당 생활을 하다가 스탈린을 비판했다는 이유로 쫓겨난 '찐 공산주의자'였어요. 하지만 그는 당에서 쫓겨난 이후에도 도시와 공간, 마르크스주의를 연결시키는 지적 작업에 골몰합니다.

여담이지만, 그는 평생 70권에 가까운 책을 썼습니다. 90년의 인생 동안 70권의 책을 쓰다니, 스무 살 이후부터는 매년 한 권씩 쓴 셈입니다. 존경스럽네요.

다시 하비로 돌아와 보겠습니다. 하비는 『사회정의와 도시』에서 멋지게 마르크스주의를 가져옵니다. 그리고 그의 변증법적 사고를 가져와야 도시 문제를 해결할 수 있다고 말합니다. 그 사례로 완벽하지는 않지만, 앙리 르페브르의 사고를 빌려 왔습니다. 돈 미첼Don Mitchell은 2023년에 나온 논문에서 자신도 『사회정의와 도시』를 이제야 처음 읽었다면서(Mitchell, 2023), 신선함과 동시에 '조잡함crudeness'에 대해 언급하고 있습니다. 너무도 당연하지요. 왜냐하면 그때까지만 해도 '마르크스주의 지리학'이라는 것은 존재하지 않았거든요. 돈 미첼이 지적하는 것처럼 하비의 생각은 그 책에서도 '진화evolve'하고 있었습니다.

『사회정의와 도시』의 문장을 보면 엄청나게 과감한 대안을 제공합니다. 아마 이 구절은 이 책에서 가장 충격적이며, 또 많은 사람들이 인용하는 구절일 것입니다. 제가 이미 앞글에서 인용했던 구절을 돈 미첼 교수도 똑같이 인용하더군요. 하비 교수의 핵심은 '입찰지대'의 원리를 완전히 뒤집어야 한다는 것이었어요. 다시 말해, 토지이용을 자본주의 경쟁 메커니즘에 맡겨놓는 이상은 절대 자본주의 도시 문제는 해결할 수 없다는 것이었습니다.

앞서 알론소의 입찰지대곡선이 어떻게 게토가 형성되는지를 설명했는데, 여기서는 '입찰지대곡선'이 가능케 하는 조건을 제거하자고 합니다. 말하자면 자본주의적 토지이용을 제거하지 않는 이상 게토는 없어지지 않는다는 것입니다. 좀 과감하게 말하면, 자본주의적 토지이용이 아니라 계획주의적 혹은 사회주의적 토지이용을 해야만 보다 사회정의에 다가갈 수 있다고 주장하는 것이라고 이해할 수 있습니다.

이 주장은 꽤 과감합니다. 그렇다면 하비는 이제 "자, 그럼 자본주의적 토지이용이 왜 나쁘고, 어떻게 공간을 사회적으로 만들어 내야 하는지 한번 이야기해 봐."라는 말을 들어야겠지요? 즉 마르크스를 주장하고 지리학의 새로운 문을 박차고 나온 것까진 좋았는데, 그다음 설명은 무엇이냐는 것입니다. 아마도 1970년대 하비는 이 문제로 골머리를 앓았을 거예요. 한 가지 다행인 점은 그에게는 같이 마르크스를 읽을 대학원생들이 있었다는 것이지요. 가끔 그는 당시 대학원생들에게 고맙다는 인터뷰를 하곤 합니다. 그는 마르크스를 강독하면서 이론을 다져 나가기 시작합니다.

여기서 하비는 『자본의 한계The Limits to Capital』로 가기 위한 초석이 되는 역사적 논문을 발표합니다. 그 논문이 바로 『국제

도시 및 지역연구학회지International Journal of Urban and Regional Research, IJURR』에 1978년 게재된「자본주의적 도시 과정: 분석을 위한 틀The Urban Process under Capitalism: A Framework for Analysis」입니다(이하「분석틀」). 이 논문은 너무나 유명하고, 하비의 여러 책에 다시 등장할 정도로 중요합니다. 참고로 저는 그 존재를 석사과정 때 알았어요. 저의 지도교수님이 사석에서 "하비가 1978년에 정말 멋진 논문을 하나 썼다."라고 자주 이야기하곤 하셨거든요. 그 후에 이 논문을 찾아보고 지도교수님의 안목에 감탄하지 않을 수 없었어요. 그야말로 이 논문은 나중에 발간될『자본의 한계』의 정수 중 정수만 요약해 놓은 비법서 같은 것이었습니다.

이 논문의 내용을 누구나 알기 쉽게 요약하는 것은 불가능합니다. 일단 '소비 기금', '잉여 자본', '이윤율 저하', '착취율', '산업예비군' 등 이 논문의 각 개념들이 엄청나게 심오한 뜻을 담고 있거든요. 하지만 제가 이해하는 선에서 간략하게 설명해 보겠습니다.

대략적인 스토리는 이런 거예요. 자본주의 상황에서 자본가는 항상 멍청하게 과잉생산을 하는 버릇이 있어요. 자본주의적 생산이라는 것은 인간의 필요, 즉 사용가치를 위해 이뤄지기보다는 교환가치를 추구하기 때문이지요. 예를 들어, 누가 티셔츠

100장을 만들어 100만 원을 벌었어요. 다음에 이 사람은 100장만 만들지 않고, 사람을 더 고용하고 기계를 들여 1만 장을 만들어 버립니다. 티셔츠가 부족했을 때는 100장이 금방 팔렸는데 1만 장 팔기는 쉽지 않지요. 그리고 재고가 쌓이게 됩니다. 이런 과정이 반복되면, 자본가 입장에서 이윤율은 하락하게 되어 있어요. 자본가에게 이것은 큰 문제예요. 이미 노동자들 임금도 줘야 하고, 자기도 먹고살기 위해서라도 이 시스템을 돌려야만 하는 것이지요. 그래서 식민지도 개척하고, 기계도 들여 가며 온갖 노력을 해 보는 거예요.

　이것을 하비 방식의 용어로 표현하자면 '자본축적의 위기'가 발생하는 것이지요. 이때 자본가는 주로 국가와 결탁하여 인프라(인프라 자체가 마르크스 용어입니다. infrastructure, 즉 '하부구조'라는 뜻입니다)에 투자를 하게 됩니다. 우리가 케인스 이론에서 많이 보아 왔던 해결책이지요. 이것을 하비는 여기에서 건조환경built environment이라고 불러요. 소위 2차 순환이라고 합니다. 1차 순환(티셔츠 판매)에서 위기가 발생했을 때 2차 순환, 즉 건조환경 투자에 의해 위기를 극복하려고 해요. 이것은 일시적으로 작동합니다. 케인스주의에 기반한 개발 투자가 얼마나 멋지게 대공황을 극복했는지 봤잖아요. 그 유명한 뉴딜 정책이 바로 2차 순환 투자로 자본이 위기를 극복하는 것을 보여 주는 기가 막힌 사례예요. 1차 순환에서 문제가 생기는 동안 2차 순환에서 건설 붐이 일어나고 많은 노동자들이 투입되기 때문에, 경제가 잘 돌아가는 것처럼 보입니다.

그런데 건조환경 투자에는 문제가 있습니다. 엄청나게 많은 돈이 필요하다는 거예요. 그리고 그 효과는 나중에 천천히 나타나지요. 그래서 자본가들은 금융 시스템을 통해 마르크스가 '가짜 자본fictitious capital'(다른 문헌에서 '의제 자본'이라고 번역합니다)이라고 한 것을 만들어 냅니다. 지금 돈이 없어도 신용 시스템과 금융기법을 동원해 건설 투자가 일어나게 하는 것이지요. 여기에 소비 기금(소비자 신용, 주택 모기지, 지자체 부채) 등의 시스템을 동원합니다. 이때까지만 해도 경제가 잘 굴러가는 것처럼 보이지요.

하지만 이것 역시 영속적이지 못해요. 왜냐하면 도로는 어느 순간 포화 상태가 되고, 아파트도 지을 만큼 지으면 여기서도 이윤율은 다시 떨어지거든요. 자본은 이때 3차 순환을 준비합니다. 바로 과학기술에 대한 투자이지요. 이제 건설이 충분히 일어났다면, 그다음에 먼 미래에 우리에게 가져다줄 번영을 당겨 와서 미리 투자를 만들어 냅니다. 또 한편으로는 노동에 필요한 사회적 투자(교육, 이데올로기)도 해야 하지요.

이러한 과정은 마치 19~20세기 자본주의 역사를 한눈에 요약한 것 같은 느낌이 듭니다. 결론에서 하비 교수는 '만성적 과잉생산'을 지적해요. 만성적 과잉생산은 결국 이윤율 저하, 그리고 위기 돌파라는 공식으로 이어진다는 것이지요. 이 과정은 당연하게도 감가devaluation를 동반합니다. 감가라는 것은 가치를 적극적으로 혹은 소극적으로 파괴하는 행위예요. 적극적으로 가치를 파괴하는 행위로는 전쟁 같은 사례가 있고, 소극적으로 가치를 파괴하는 행위로는 가난과 기아를 들 수 있습니다. 자본주의의 과잉생산 문제는 결국 적극적이든 소극적이든 감가로 이어지면서 불안한 상태를 지속합니다. 이러한 '감가'에 대한 설명은 '공간적 조정spatial fix'을 설명한 하비 교수의 2001년 논문의 설명에 근거합니다(Harvey, 2001).

여기서 한 가지 주목할 점은 2차 순환, 즉 인프라에 대한 투자가 도시를 만들어 내는 원동력이 되기도 한다는 것입니다. 이것을 지칭하는 말이 그 유명한 '공간적 조정'입니다. 사실 fix를 어떻게 번역하는 것이 좋은지 학자들 간에 말이 많아요. 이 문제에 대해서는 하비 교수가 이미 해명을 했던 바 있습니다. fix는 '고치다'와 '고정하다'라는 두 가지 뜻이 다 있어요. 하비는 그 두 가지 뜻을 중의적으로 썼다고 합니다. 즉 spatial fix는 자본의 문제를 공간적으로 '해결하다'라는 측면과 도시 공간을 '고정시킨다'는 뉘앙스가 모두 들어 있는 것이지요.

그러므로 공간적 조정이란 자본주의 사회에서 축적의 위기를 해결fix하기 위해 물리적 건축물을 조성하는 것을 의미합니다. 이 과정에서 물리적 환경이 '고정'되는 효과가 있는 반면, 다른 한편으로는 경제적 하부구조infrastructure의 설치와 '이동성'이 강화되는 이중적인 효과가 나타나게 되지요. 이와 같은 효과는 당연하게도 영원히 지속되지 않고, 일시적입니다. 그리고 위기는 지리적으로 전이됩니다. 하비 식으로 표현하자면, 그것이 자본주의의 방식이지요.

하비 이론은 실제로 2008년 미국 금융위기 때 크게 주목을 받습니다. 2008년 부실한 서브프라임 모기지로 인해 미국의 주식시장이 붕괴되지요. 이어서 유럽에서는 스페인, 이탈리아, 그리스, 포르투갈을 중심으로 재정 위기가 발생합니다. 이때 하비의 이론이 또 엄청나게 주목을 받습니다. 그동안 잘 작동하는 것 같았던 건조환경(주택시장)에서 과잉축적의 문제를 가짜 자본(서브프라임 모기지론)으로 해결하다가 탈이 난 것이지요. 덕분에 많은 사람들이 집을 잃고, 어떤 사람은 자신이 평생 모은 주식, 어떤 사람은 연금을 날립니다. 이 과정은 크리스천 베일, 라이언 고슬링, 브래드 피트 주연의 영화 '빅쇼트'에 아주 자세히 묘사되어 있어요. 이것은 나중에 '월스트리트를 점령하라'라는 시위의 발단이 되기도 합니다.

이렇게 해서 하비의 1978년 논문을 살펴보았습니다. 하비의 이론의 정수는 『자본의 한계』이고, 『자본의 한계』의 정수는 바로 이 논문에 담겨있다 해도 과언이 아닙니다. 그러므로 여러분이 시간 될 때 이 논문을 한번 읽어 본다면, 데이비드 하비가 지리학에 마르크스를 어떻게 접목시켰는지 더욱 명확하게 이해할 수 있습니다. 영어 원문으로 읽으면 가장 좋겠지만(인터넷에서 무료로 볼 수 있습니다), 영어가 조금 어렵다면 최병두 교수님이 번역한 『데이비드 하비의 세계를 보는 눈』의 논문 번역본으로 보는 방법도 있습니다. 이 논문을 한 번 읽는 것으로는 부족하고, 두세 번 읽어 보면서 20세기 역사를 떠올려 보는 것도 아주 재미있는 시간이 될 것이라 확신합니다.

『자본의 한계』, 1982

『자본의 한계』를 읽기 위한 준비:
마르크스, 『그룬트리세』, 『경제학·철학 수고』, 『자본론』

드디어 『자본의 한계The Limits to Capital』에 도착했습니다. 앞선 글까지 우리는 「분석틀」을 이미 다뤘습니다. 1978년 출간된 이 논문의 내용은 약간 수정되어 『자본의 한계』 제12장 '공간 편성의 생산: 자본과 노동의 지리적 이동성' 내용의 원천이 됩니다. 사실 하비가 '급진지리학'으로서 마르크스를 도입한 첫 저작은 『사회정의와 도시』(1973)였습니다. 이미 언급했듯이, 『사회정의와 도시』는 마르크스주의자로서 하비의 생각이 단행본으로 나온 첫 저작이었습니다. 하지만 하비는 급진지리학의 문을 막연 상태였고, 세상에는 수많은 마르크스주의자들이 존재하니, 이제 하비는 스스로를 마르크스 이론으로 무장할 시간이 필요했어요.

이 책은 마르크스를 소개하는 책이 아니라서 모두를 깊이 있게 다룰 수는 없어요. 하지만 마르크스가 남기고 간 쟁점은 정말 수도 없이 많습니다. 공산주의가 가능한가, 인간의 본성은 공산주의나 자본주의 중 무엇에 더 맞는가, 노동은 모든 가치의 원천인가, 성숙된 사회에서 공산주의를 탄생시킬 수 있는가 등등, 정말 끝도 없는 논점을 남겼지요. 그중에서 가장 중요한 쟁점 중 하나는 아마 노동가치론labor value theory일 것입니다. 물론 노동가치론은 루소로 거슬러 올라가 리카도의 신고전경제학

이론의 기초가 됩니다. 현대 경제학은 사실상 효용가치론으로 대체되었다고 해도 과언이 아니지요. 이 쟁점은 추후 다시 깊게 다루겠습니다.

철학적으로는 유물론적 관점이 비판 대상이 됩니다. 마르크스는 "사회의 경제구조가 법적·정치적 상부구조 형성에 필요한 진정한 바탕이 된다."라고 썼어요. 즉 경제가 정치구조의 원동력이 된다는 주장이지요. 이 주장은 간단하게 다루기는 심오한데, 여하튼 마르크스 사상의 핵심을 관통하는 주장이에요. 이 관점은 나중에 '안토니오 그람시Antonio Gramsci'에 의해 혹독하게 비판을 받습니다. 그람시의 관점에서는 경제적 하부조건보다는 그것을 이루고 있는 '관습'과 '문화'를 혁파해야 그 사회를 바꿀 수 있다는 것이었어요.

마르크스의 사상이 어디에 초점을 두는지도 중요합니다. 마르크스는『자본론』을 쓰기 위해『정치경제학 비판 요강Grundrisse』(이하『요강』)을 먼저 썼어요. 말하자면 건축물의 설계도와 같은 것이었지요. 마르크스가 유명해진 것은 엥겔스와 함께 집필한 매니페스토The Communist Manifesto(독일어로 Das Kommunistische Manifest), 즉『공산당 선언』때문이었습니다. 그리고『자본론』은 마르크스의 사상을 뒷받침하기 위한 경제학 개설서 같은 느낌이었어요.『자본론』은 총 4권이 출간되어 있는데, 2권과 3권은 프리드리히 엥겔스가 마르크스의 유고를 모아 편집했고, 4권『잉여가치학설사』는 카를 요한 카우츠키가 출판했지요. 이쯤 되면 사실『자본론』을 쓴 것은 마르크스이지만 편집한 사람은 엥겔스와 카우츠키이기 때문에, 그렇지 않아도 난해하기로 유명한『자본론』의 진짜 의도, 의중이 무엇이었는지 헷갈려요.

『요강』을 읽어 보라고 추천하는 분이 많습니다.『요강』은 마르크스가『자본론』을 쓰기 위한 준비 작업으로 쓴 책이에요. 이 책은 두말할 나위 없이 마르크스의 가장 중요한 책 중 하나이지만, 아직 생각이 충분히 정리되지 않은 채 쓰여진 책이기 때문에 난해하기로도 유명합니다. 더욱 중요한 것은『요강』에서 다루기로 했던 쟁점이『자본론』에서 다 다뤄지지 않은 것입니다. 또 하나 포인트는 가끔『자본론』에서의 사상과『요강』에서의 서술이 다소 다른 점도 있다는 것입니다. 여기서 두 가지 포인트를 또 읽을 수 있어요. 첫째, 마르크스의 사상은 시간이 지나면서 스스로도 변화하고 있었어요. 둘째, 그 말을 거꾸로 하면 마르크스의 사상 자체가 일관성을 얻는 데 실패했다는 것입니다. 저는 마르크스의 저작이 지속적으로 재해석되고 재조명되는 이유가 여기에 있다고 봅니다.

그래서 사람들은 나중에 발견된『경제학·철학 수고』(1844)

를 읽습니다. 이 책은 마르크스가 스물일곱 살 무렵에 쓴 것으로, 마르크스 철학이 형성되는 시점이라서 의미가 있습니다. 이 책은 경제학이 아니라 철학에 집중하고 있어요. 마르크스는 자본주의에서 노동이 소외되는 과정에 대해 다룹니다. 말하자면 이런 거예요. 마르크스가 보기에 자본주의 노동은 그 전 노동과 다른 노동이에요. 노동 과정에서 주체를 소외시킴으로써 구체적 노동을 추상적 노동으로 만들어 버린 거지요. 옛날에 대장장이는 노동을 통해 자연물을 인공물로 만들었고, 그 과정에서 스스로 감독이자 주연이었다면, 자본주의 노동자들은 분절화된 노동을 하면서 자기가 무슨 일을 하는지 주도하지도 못하고 엑스트라나 조연으로 쓰이고 있다는 의미예요. 이런 마르크스의 '인간주의적' 면모는 나중에 재조명됩니다. 거친 혁명을 주장하고 싶은 사람은 이런 '인간적'인 마르크스의 모습을 외면하고 싶어 했고, 부드러운 혁명을 주장하고 싶은 사람은 "거봐, 마르크스는 휴머니스트라니까!"라고 말하게 되었어요. 마르크스의 '소외' 이론을 인간주의적으로 해석하는 데 반대하는 분도 있습니다. 워낙 많은 해석이 있는 책이지요.

　다시 『자본의 한계』로 넘어와 봅시다. 제가 마르크스 이야기를 길게 할 수밖에 없는 이유는 변죽을 울리려는 것이 아니라, 이 책의 제목 자체가 『자본의 한계』로 『자본론』에 관한 책이라서 그래요. 이 책의 제목은 The Limits to Capital이고, The Limits of Capital이 아니라는 점도 좀 특이합니다. 나중에 또 이야기하겠지만, 하비는 중의적 표현을 쓰는 경우가 종종 있는데, 이 책의 제목도 오묘하지요. 순수하게 Capital을 '자본'이라고 해석할 수 있어요. 그러니까 자본주의에 관한 책이라고 볼 수 있지요. 그런데 조금 상상력을 발휘해 보면, 이 책을 마르크스의 『자본론』에 관한 책이라고도 볼 수 있어요. 그럴 수밖에 없는 것이 이 책의 첫 문장부터 마르크스가 나옵니다. 이 책은 그냥 마르크스에 관한 책이라고 봐도 좋을 만큼 마르크스의 이론으로 세상을 해석하는 책이에요.

마르크스를 공부하는 사람이라면 누구나 그 경험에 대해 책을 쓰고 싶은 욕심이 생긴다(Harvey, 1982).

『자본의 한계』는 바로 이 문장으로부터 시작합니다. 그러고 나서 곧바로 하는 말이 『사회정의와 도시』(1973)를 쓴 뒤 몇 가지 오류와 부족한 점이 있어 그 후로 마르크스를 더 심도 있게 공부했고, 그래서 이 책이 나오게 되었다고 소개합니다. 이미 제가 앞 장에서 서술했던 내용과 완전히 일치하지요. 그리고 도시화 과정과 관련하여 마르크스가 남겨 놓은 '빈 상자들empty boxes'을 채워 보겠다고 합니다.

과연 그 빈 상자들은 무엇이었을까요? 조금 후에 더 자세히
살펴보겠습니다.

칸트의 관념론적 공간론과 마르크스의
역사적 유물론적 공간론

앞서 우리는 『자본의 한계』가 나오게 된 배경을 잠깐 살펴보았어요. 이번에는 『자본의 한계』의 서문을 다뤄 볼까 합니다.

이 글을 쓰면서 약간은 죄책감이 느껴져요. 사실 하비 교수의 생각을 가장 잘 이해할 수 있는 방법은 그냥 그의 책을 읽는 것이에요. 2023년 지금 시점에서 『자본의 한계』는 절판되어 이제 구하기도 쉽지 않습니다. 운 좋으면 중고 서점에서 찾을 수 있을지도 모릅니다. 하지만 여러분에게 정성이 있다면 무료로 pdf가 풀려 있어서 영어로 된 원본을 직접 읽을 수도 있어요.

최병두 교수님의 번역이 훌륭하기로 유명하지만, 원서로 읽어 보는 것도 훌륭한 경험이 될 수 있습니다. 예를 들어, built environments라는 표현이 있는데, 최병두 교수님 번역본에는 '건조환경'이라고 되어 있습니다. 하비 교수는 s를 붙여 복수를 썼어요. 하비는 '건조환경' 일반을 의미

그림 11. 『자본의 한계』(번역본)

한다기보다는 교량, 도로, 아파트 등 구체적인 하부구조물을 떠올리기를 기대했을 수도 있어요. 이런 차이를 보는 점이 원서를 읽는 맛이지요. (하지만 그리 쉽지는 않을 거예요)

이러한 난해함 때문에 하비의 책을 읽기 전에는 약간의 부연 설명이 필요합니다. 제가 이 책을 쓰기로 결심한 이유이기도 하지요. 마르크스나 지리학에 대한 선행 지식이 없으면 하비 교수의 글은 너무 어렵거든요. 마르크스만 알고 지리학을 잘 모르는 사람들이 『자본의 한계』를 오해하는 경우도 보았어요. 하비 교수의 히트작 『포스트모더니티의 조건』은 그의 저작 중 가장 쉬운 책으로 유명한데, 그 글조차 쉽지는 않아요. 하비 교수의 엄청난 독서량과 문화적 소양으로 인해 수많은 화가, 소설가, 철학자들을 언급하면서 지나가거든요. 그 궤적을 전부 이해하면

서 지나가기는 쉽지 않을 것입니다. 물론 저도 다 이해할 수 없어요. 어려운 책을 읽을 때, 제가 쓰는 방법은 그 사람이 되어 보려고 하는 거예요. 물론 그 책의 모든 구절을 다 이해할 수는 없지만, 그 사람이 되었다고 생각해 보면 그 책이 이해될 것도 같아요.

지금까지 제가 하비 교수의 인생 궤적을 구구절절이 설명한 이유가 여기에 있습니다. 첫 번째 문단에서 하비 교수는 곧바로『사회정의와 도시』를 언급합니다. 길게 설명하지만, 짧게 말하자면 마르크스와 도시화 과정을 연결시키는 데『사회정의와 도시』는 부족했다는 거예요. 마르크스를 더 공부하면서 그는 아직도 많은 주제들이 다뤄지지 않았고, 따라서 '자본주의와 도시'를 연결시키는 작업을 시작했다고 합니다. 여기서 '빈 상자들'을 발견하게 되지요. 그는 빈 상자들을 하나씩 채워 나가기 시작했습니다. 그러나 단번에 다 채울 수는 없었다고 고백합니다.

이미 전작인『사회정의와 도시』에서 하비는 마르크스식 설명에 대한 관점을 숨기지 않았습니다. 이 책이 반향을 일으켰다고는 할 수 없지만, 다소 학계의 관심을 받았습니다. 당시 사회과학자들 사이에서 지리학과 마르크스의 접목은 신선하게 느껴졌지요. 그럼에도 불구하고 이전 글에서 잠깐 다뤘듯이, 마르크스

그림 12. 카를 마르크스

이론은 엄청나게 넓고 깊습니다. 심지어 미학, 철학, 문학, 영화, 예술 등 영향을 미치지 않은 곳이 없다고 하지요. 회사를 다니는 분들은 대부분 노동조합이 있을 텐데, 어쩌면 이 노동조합이 이렇게 사회의 한 요소로 자리잡을 수 있었던 것은 마르크스의 영향이기도 합니다.

하비 교수가 인정하듯이, 자본주의와 도시화라는 거대한 주제를 놓고 보았을 때, 그 작업은 마르크스의 사상을 속속들이 모두 뒤져야만 해결될 수 있는 것이었습니다. 게다가 이미 말한 것처럼 마르크스는 평생 원고를 쓰고 살았어요. 대학자에게 이렇게 표현하기는 그렇지만, **그의 관심사는 정말 깊고 다양하며, 때로는 산만하고 정리가 되지 않았어요.** 그래서 정리해 줄 사람이 필요했는데, 사실 많은 마르크스의 원고는 **프리드리히 엥겔스**에 의해 편집되어 출간되었어요. 그러니까 마르크스는 아이디어를 엄청나게 생산해 내고, 그것을 엥겔스가 책으로 만들어 주는 격이었지요. 마르크스는 엥겔스가 얼마나 믿음직스러

있는지 자신의 아이디어를 책으로 만들어 달라고 부탁하기까지 해요. 그래서 나온 책이 바로 『가족, 사유재산, 국가의 기원』(1884)입니다.

하비는 마르크스가 국가론, 국제무역, 위기론 등을 완성하지 못했다고 지적하면서, 특히 『자본론』 3권, 『잉여가치학설사』, 『요강(그룬트리세Grundrisse)』에 흥미를 가지고 일반이론을 구축했다고 설명합니다. 말하자면 『자본론』이 이루지 못한 '자본주의와 도시화'라는 일반이론을 만들어 보겠다는 것입니다. 어떤 툴로? 마르크스가 사용했던 바로 역사적 유물론historical materialism을 사용하겠다는 것이지요. 하지만 하비는 역사적 유물론에서 '역사' 부분을 과감하게 줄이고 '일반이론'처럼 서술하겠다고 공언합니다. 왜냐하면 역사적 증명까지 모두 시행하면서 '빈 상자들'을 채우기에는 너무나 갈 길이 멀기 때문이에요. 이런 서술이 '환원주의'처럼 비칠 수 있다는 것을 알지만, 그래도 그는 이렇게 하기로 결심했다고 합니다.

이전 글에서 잠깐 언급했지만, 역사적 유물론은 인류 역사의 물적 토대를 분석함으로써 사회를 분석하는 방법입니다. 마르크스가 제안한 역사적 유물론에 따르면, 인류 역사는 하부구조, 즉 경제가 움직이면서 만들어 내는 역사입니다. 하부구조가 변하면 그 충격이 누적되다가 상부구조가 와르르 무너지면서 새로운 체제가 탄생하지요.

이와 같은 변화를 마르크스는 '혁명'이라고 이야기합니다. 예를 들어, 고대 노예제에서 생산량이 증대하자, 노비들을 거두어 먹여 살리는 방법이 아니라 계약에 근거한 중세 봉건제로 체제가 변화하게 됩니다. 마르크스 입장에서는 자본주의도 생산량이 더 증대되면 뭔가 폭발이 일어나서 다른 형태의 사회구조로 바뀔 것이라고 생각했지요. 그것이 여러분이 어디선가 많이 들어 봤던, 매니페스토! 그 유명한 『공산당 선언』의 내용입니다.

저는 하비 교수의 이 언급이 아주 멋있다고 생각하는데, 들어 보세요. 이 문장은 변증법의 핵심을 보여 준다고 생각합니다.

나는 선험a priori처럼 엮어 내는 것보다는, 문답법methods of both enquiry and presentation이 텍스트를 통해through texts 스스로 말하게 하는 것을 선호한다(Harvey, 1982: XV).

선험? 어디에서 많이 듣던 말이 아닌가요? 바로 고등학교 '윤리와 사상' 시간에 배우지요. 칸트의 용어예요. 선험적 지식이란 우리가 태어나기도 전에 알고 있는 그런 종류의 기본적인 관념을 이야기하는 것입니다. 즉 시간과 공간 같은 것들이지요. 아 참! 여기서 또 '공간'이 나오네요. 나중에 시간이 되면 **칸트의**

관념론적 공간론과 하비의 **역사적 유물론적 공간론**을 비교해 보는 것도 흥미로워요. 실제로 하비 교수도 이 주제에 대해 글을 쓴 적이 있어요. 요컨대 칸트의 공간론이 **선험**(a priori, **'아프리오리'라고 읽습니다**) **'조건'**으로서의 '공간'이라면, 하비의 역사적 유물론적 공간론은 '공간생산론'에 근거한 생산할 수 있는 공간, 즉 **변증법적으로 변화할 수 있는 공간**이지요. 이 문제는 나중에 좀 더 자세히 다루겠습니다.

다시 돌아와서, 하비 교수의 위 문장은 역사적 유물론의 핵심을 보여 주는 거예요. 읽어 본 분은 알겠지만, 이 책의 서술은 다소 과감합니다. 예를 들어, "물리적·사회적 하부구조에 대한 투자에는 몇 가지 고려 사항이 필요하다. 사회적으로 필요한 전환 시간turnover time의 제약으로부터 벗어나 보다 긴 '선두와 지연 lead and lag(이끌다가 처지는 현상)'이 발생할 수 있다."(Harvey, 1982: 409)라는 식이에요. 뭔가 매뉴얼 같은 느낌 아닌가요? 그러니까 우리가 설정해 놓은 조건으로 사고를 하다 보면, 이와 같은 결론에 도달할 수밖에 없다는 식으로 이야기가 전개됩니다.

나중에 다시 다루겠지만, 이것은 하비의 전략이에요. **1~7장까지는 빠르게 마르크스의 핵심을 정리해 내고**, 8~13장까지는 마르크스의 생각을 연장하며, 공간에 적용하는 방식을 채택합니다. 예전에 그런 말을 들은 적이 있어요. 『자본의 한계』의 백미는 1장부터 7장까지, 그중에서도 2, 3장이 좋다고요. 보기에 따라서는 그럴 수도 있습니다. 앞 장의 서술은 매우 압축적이고 정교합니다. 왜냐하면 마르크스주의자에게 오해를 사지 않으면서도, 『자본론』을 요약해야 하기 때문이에요. 만약 하비가 『자본론』을 오독하기라도 했다면, 반대론자들이 그를 가만 놔두지 않을 것이거든요. 그래서 그는 1장부터 7장까지 기존 『자본론』 논의를 충분히 숙고해 정리합니다.

그러고 나서 금융finance과 지대rent를 다룬 후 12장과 13장의 서술로 넘어갑니다. 하비는 12장과 13장에서만큼은 추상적으로 서술하기보다는, 각 국면에서 일어나는 일을 구체적으로 서술하려고 노력했다고 합니다. 왜냐하면 1장부터 7장까지는 『자본론』을 이해하기 위해 주마간산 격으로, 하지만 정교하게 서술해야 했다면, 12장과 13장은 어쩌면 이 책의 핵심이기도 하거든요. 하비가 주장하고 싶었던 것은, **마르크스의 이론은 결국 공간이론으로 확장되어야 완성될 수 있다는 것일지도 모릅니다.** 마르크스는 자신의 아이디어를 다 완성하지 못한 상태에서 하늘나라로 갔기 때문에, 하비는 마르크스가 남긴 숙제를 풀어 준 셈이 되겠네요. 물론 어떤 이론이든 실천과 이론에서 더 보완되어야 한다는 사실을 하비는 인지합니다.

이렇게 보면 The Limits to Capital이라는 제목이 예사롭지 않게 들릴 것입니다. 『자본의 한계』는 '자본'이 가진 속성의 한계라는 뜻이 될 수도 있고, 『자본론』의 한계(그가 '빈 상자들'이라고 부르는 것들)에 대한 자신의 생각을 서술한 것으로도 읽힐 수 있어요. 앞서 이야기했듯이 하비 교수는 중의법을 종종 사용하는데, '공간적 조정'도 그중 하나였지요. fix가 '고치다'와 '고정'이라는 뜻을 모두 가지고 있거든요. '조정'이라는 번역이 두 가지 의미를 다 담지는 못하지만, 한국어와 영어가 100% 일치되지는 않으니 어쩔 수 없는 절충안이 아니었나 싶습니다.

요약하자면, 하비 교수는 『사회정의와 도시』에서 마르크스의 역사적 유물론과 자본주의 공간론을 접목하려고 시도했어요. 이미 여러 번 언급했듯이 이 시도는 완전하지 않았고, 하비 교수는 마르크스의 『자본론』의 거대한 사상 체계 안에서 도시 이론을 만듭니다. 다시 한번 『자본의 한계』라는 제목이 생생하게 느껴지지 않나요? 하비는 마르크스의 사고와 방법론을 가져와, 그 방법론으로 말미암아 자본주의와 도시, 나아가 공황론과 금융이론까지도 일반이론화하려는 시도를 했던 것입니다.

이와 같은 시도는 과연 성공적이었을까요?

이 이야기는 곧이어 다뤄 보도록 하겠습니다.

『자본의 한계』:
'고양이똥으로 포장한 개똥'이 위기를 가져온다고?

　앞선 글에서 우리는 『자본의 한계』의 서문을 살펴보았어요. 여기서 데이비드 하비가 이 책을 통해 하려고 한 것이 무엇이었는지를 살펴보았다면, 이제는 남은 서문과 목차, 주요 인용구를 읽어 보면서 『자본의 한계』를 주마간산 격으로 이해해 보려고 합니다.

　주의 사항이 있어요. 먼저 최선을 다하겠지만, 이 글은 절대 『자본의 한계』를 다 설명해 주지 못합니다. 혹시나 진짜 데이비드 하비 교수의 생각을 알고 싶다는 생각이 든다면, 원본을 읽어야 합니다. 원본을 제대로 읽으려면 마르크스를 읽어야 한다는 충동이 들 거예요. 이처럼 무엇인가를 '이해'한다는 것은 생각보다 쉽지 않습니다. 이 장에서는 어디까지나 제가 이해하는 수준에서 하비와 마르크스를 다룰 것입니다. 이 주의 사항은 이 장뿐 아니라 다른 모든 장에도 적용됩니다.

『자본의 한계』는 총 13장으로 나뉘어 있어요. 한번 읽어 보겠습니다.

1장에서는 상품, 교환가치, 계급관계에 대해 다루고, 2장은 생산과 분배, 3장은 생산과 소비, 수요와 공급, 잉여가치의 실현에 관해 다룹니다. 4장은 기술변화, 노동과정, 자본의 가치 구성, 5장은 자본주의 생산의 조직 변화, 6장은 (자본)축적의 동학을 다룹니다. 7장은 과잉축적과 1차 위기 이론, 8장은 고정자본을 다룹니다. 9장은 화폐, 신용, 금융, 10장은 금융자본과 모순, 11장은 지대 이론을 다룹니다. 12장은 공간 편성의 생산자본과 노동의 지리적 이동성을 다루고, 13장은 자본주의 공간경제의 위기에 대해 다룹니다.

먼저 이 『자본의 한계』라는 녀석을 크게 세 덩어리로 나눠 봅니다. 하비 교수는 서문에서 이미 자신이 어떤 의도로 장을 구성했는지 친절하게 서술해 놓았어요. 1장부터 7장까지는 기존 마르크스 사상을 요약하면서 시작합니다. 사실 말이 1장부터 7

장이지, 이 책의 절반 이상이 서론인 셈이에요. 그럴 수밖에 없는 것이 이 이야기는 영화로 따지면 『자본론』의 속편이 되고 싶어 쓴 책이기 때문이에요.

하비 교수의 생각은 "마르크스의 생각을 확장하면 화폐, 금융, 공간, 위기 등을 체계적으로 설명할 수 있다."라는 것인 듯합니다. 그래서 기존 마르크스 이론을 '요약'하는 작업이 필요했던 것이지요. 이미 여러 차례 언급했지만, 하비가 자신감 있게 1장부터 7장까지로 마르크스를 요약할 수 있었던 것은 존스홉킨스 대학교에서 몇 년 동안이나 『자본론』과 『요강』을 강독했기 때문이었어요.

다시 본론으로 돌아와, 그렇다면 1장부터 7장까지의 결론은 무엇일까요? 하비는 이것을 1차 위기'the first cut' at crisis이라고 말합니다. 무슨 영화 제목 같지요? 1편은 여기까지예요. 1편은 마르크스의 생각을 하비가 논리적으로 재정리한 것이고, 그 결론은 1차 위기에 도달합니다. 1차 위기의 핵심은 이미 다룬 바 있는 '이윤율 저하the falling rate of profit'예요. 앞서 셔츠 팔았던 이야기 기억나지요? 셔츠를 팔다 보면 아무리 많이 팔아도 가격은 낮아지고 이윤은 줄어들 수밖에 없어요. 자본주의는 이런 위기를 돌파fix해야 하는 불안정한 체제라는 것이지요. 한편, 이윤율 저하가 자본주의의 근본적인 모순에 해당하는지는 하비 교수의 입장이 다소 불분명한 측면이 있습니다. 하비 교수는 자본주의 위기를 '이윤율 저하'보다 '과잉축적'에서 비롯되었다고 보는 경향이 있습니다. 나중에 다루겠지만, 이것은 마르크스주의자들 사이에서는 제법 진지한 논쟁거리입니다.

8장에서 10장까지 하비 교수가 한 작업은 마르크스 체계의 연장이에요. 하비 교수는 1차 위기의 설명에서 멈추지 않고, 어떻게 고정자본fixed capital을 통한 순환으로 이어지는지를 설명합니다. 그리고 금융이라는 구원투수가 등장하는 과정을 이론화합니다. 금융은 신용 체계를 통해 가짜 자본fictitious capital으로 위기를 극복하고자 합니다. 여기까지가 하비 교수가 설명하는 2차 위기에 해당합니다.

11장에서 13장은 기존의 이론틀을 활용하여 위기가 어떻게 공간적으로 확산되는지를 설명합니다. 10장까지의 논의가 기존 마르크스 이론으로 어느 정도 추론이 가능한 영역이라면, 11장부터는 하비 교수가 마르크스의 논의를 공간적으로 확장하여 위기 이론을 '자기 나름대로' 완성한 것이지요. 사실 이 장의 아이디어는 이미 「분석틀」에서 설명한 바 있습니다.

2차 위기 이론에서 자본주의는 과잉축적 혹은 이윤율 저하의 법칙에 따라 주기적으로 혹은 갑작스럽게 위기가 찾아올 수밖에 없는 숙명을 고정자본에 대한 투자로 극복하고자 합니다. 하비 교수는 마르크스가 『자본론』에서 제대로 다루지 못한 부분이 '고정자본'이라고 봅니다. 도로나 항만의 건설, 주택과 오피스빌딩의 건설이 그 사례가 되지요. 이것을 하비는 건조환경이라고 표현합니다. 이러한 건조환경에 대한 투자가 괜찮은 이유는 일반 상품보다 생산 및 건설 주기가 더 길고 회수 기간이 길기 때문입니다. 예를 들어, 민간투자 사업으로 건설된 고속도로를 한번 생각해 보세요. 건설되는 시간이 최소 몇 년은 걸리고, 통행료로 고속도로의 건설 비용을 회수하는 데에는 최소 수십 년의 시간이 들어갑니다. 티셔츠만 만들어서 팔면 1차 위기를 맞지만, 고정자본에 대한 투자는 이윤율 저하에 맞서 자본가가 선택할 수 있는 그럴듯한 대안인 것처럼 보입니다.

이와 같은 해결책은 뜻밖의 결과를 가져옵니다. 즉 도시의 물리적 경관을 만들어 내는 것이지요. 그뿐만 아니라 우리가 말하는 건조환경이 건설되면 자본의 이동 속도가 빨라집니다. 도로가 건설되고 철도망이 구축되면 상품을 보다 빠르게 효과적으로 이동할 수 있어요. 이동성mobility이 강화되는 것이지요. 여기에서 또 하나의 의도치 않은 결과가 나타납니다. 상품의 이동성이 강화됨과 동시에 인프라스트럭처, 즉 건조환경은 도시에 고정fix됩니다. 그렇게 형성된 공간은 당분간은 기능을 하지만, 새롭게 나타난 위기에 취약한 구조가 됩니다. 하비가 '고향'처럼 생각하는 볼티모어는 원래 제조업도시로 미국의 역사와 함께하는 도시였어요. 미국에서도 제조업이 어느 정도 쇠락하고, 볼티모어의 인구도 빠져나가면서 일부 지역은 '게토'와 같은 성격으로 변화하지요. '게토'의 경험은 나중에 '인종' 문제라는 방아쇠로 폭발해 버리게 됩니다.

자본주의는 1차 위기, 2차 위기를 맞으면서 어느 정도 진화해 왔습니다. 케인스주의는 대규모 건설 사업으로 자본주의가 공황을 극복할 수 있겠다는 희망을 주기도 했지요. 그런데 이러한 처방은 1970년대부터는 먹히지 않기 시작합니다. 여러분도 너무나 잘 아는 스태그플레이션이 그 사례라고 할 수 있어요. 위기가 온다고? 그럼 정부가 지출하면 되지 않아? 이렇게 편하게 생각할 일이 아니라는 것입니다. 1968년 자본주의 호황이 정점에 도달했다면, 1970년대부터는 석유파동으로 인한 스태그플레이션이 있고, 이후 1980년대에 소위 '신자유주의'가 도래하는 발판이 되지요.

사실 하비 교수가 이러한 상황을 모두 염두에 두고 『자본의 한계』를 구성했는지는 조금 의문입니다. 하지만 생각해 보면 그럴 법도 합니다. 마르크스가 『자본론』을 쓰던 19세기 중반은 이제 막 자본주의의 문제점이 드러나기 시작하는 시점이었어요. 말하자면 1차 위기가 막 꽃피우는 시기였다는 것이지요. 1

차 위기는 노동자에 대한 부당한 대우라든지, 양극화polarization 라는 눈에 보이는 명징한 모순을 만들어 냅니다. 하지만 1929년 대공황은 '금융'이라는 좀 더 선진화된 자본의 기법에 의해 발발 했지요. 자본시장이 붕괴되고, 인플레이션이 일어났어요. 미국 은 뉴딜 정책으로 조금 빨리 기사회생했다지만, 다른 국가에서 공황의 문제는 심각했어요. 공황은 제2차 세계대전의 직접적 원인이 되기도 했지요.

3차 위기에 접어들면서 위기는 점점 만성화되기 시작합니다. 대공황만큼의 파괴력은 아니지만, 위기는 여기저기 공간적으 로 전염되면서 일어납니다. 예를 들어, 미국의 서브프라임 모기 지론 사태로 촉발된 2008년 금융위기는 고도로 발전된 금융상 품, 마르크스가 말한 가짜 자본에 의해 촉발되었습니다. 신용부 도스왑CDS과 부채담보부증권CDO, 합성CDO 등이 대표적인 사 례입니다. 영화 '빅쇼트'에 나오는 표현에 따르면, "모기지 채권 이 개똥이라면, CDO는 고양이똥으로 덮여 있는 개똥이라는 거 지?Mortgage bonds are dog shit, and CDO's are dog shit wrapped in cat shit?"이지요(마크 바움의 대사). 그리고 이 거대한 믿음의 체계 를 구축해 주는 것은 신용평가기관입니다. 무디스나 스탠더드 앤드푸어스가 당시 많은 비판을 받았지요. 그리고 몇 년 지나지 않아 유럽에는 대대적인 재정 위기가 찾아옵니다. 그때마다 세계경제는 휘청거렸지요. 이쯤 되면 자본주의 경제체제가 조금은 불안한 측면을 가지고 달리는 기관차 같다는 생각이 듭니다.

『자본의 한계』는 이렇게 3차에 걸친 위기 이론을 통해 마르크스의 이론을 확장, 재정립합니다. 그렇다면 이 프로젝트는 성공했을까요? 하비 교수는 마르크스의 이론을 발판으로 자신만의 공황 이론을 만들어 냈습니다. 이 저작은 성공적이었을까요? 자신의 이론이 공감을 받고 많은 사람들이 그 이론을 인용하면 '성공'이라고 볼 수도 있지 않을까요? 이러한 관점에서 보면 『자본의 한계』는 성공적이었습니다. 하비는 전 세계에서도 가장 많이 인용되는 저자 중 한 명입니다. 그리고 하비의 저서 중 그의 사상을 응축하고 있는 이론서를 딱 하나만 꼽으라면 당연히 『자본의 한계』입니다. 그런 점에서 하비는 꽤 공감을 받는

그림 13. 『자본의 한계』의 구조 요약

마르크스주의 학자라고 이야기할 수 있습니다.

물론 여기에는 반론들도 있어요. 이 반론에 대해서는 다음 글에서 또 알아보도록 하겠습니다.

반론: 칼 포퍼의 마르크스 비판과 밥 제숍의 하비 비판, 그리고 나의 비판

한 가지 부정할 수 없는 것은 마르크스가 지식인 사이에 엄청 난 인기 스타라는 점이에요. 그의 이론을 정치에 활용하면 공산 주의 국가가 되고, 문학에 적용하면 좌파 문학 이론(죄르지 루 카치)이 되며, 철학에 적용하면 비판철학과 같은 근사한 철학 (아도르노, 호르크하이머, 하버마스)의 체계가 되고, 심지어 최 근 현대미술 작품을 활용하는 데에도 마르크스의 개념이 곳곳 에 들어 있는 것을 볼 수 있었어요. 예를 들면, 어떤 미술가가 자신의 작품을 설명하는 과정에서 '인간의 노동'이 '소외'되는 현상을 다뤘다고 하는데, 이 내용은 사실 『경제학·철학 수고』의 요지이기도 합니다.

마르크스는 안티antagonist도 엄청나게 많아요. 그리고 냉소주의자도 많지요. 이 책에도 아주 자주 언급되는, 불세출의 천재 경제학자인 케인스는 마르크스의 『자본론』을 읽어 보고 "무슨 말인지 하나도 모르겠다."라고 한 큐에 깔아뭉갰다고 하지요.

칼 포퍼Karl Popper라는 유명한 과학철학자는 『열린 사회와 그 적들The Open Society and Its Enemies』이라는 책을 통해 과학이란 비판 가능성이 열려 있어야 하는데, 헤겔과 마르크스주의자들은 비판을 용납하지 않는다는 식으로 헤겔과 마르크스를 혹독하게 비판하지요. 이런 사람들이 모여서 만든 공산주의 세상은 '닫힌 사회'이고, 그 반대에 비판 가능성이 열려 있는 '열린 사회'가 좋은 사회라고 말합니다.

사실 칼 포퍼의 저서는 과학철학이라는 측면에서 읽어 볼 만합니다. 그의 과학철학에서 과학의 요체는 '반증 가능성falsifiability'이어야 하며, 마르크스의 이론은 반증 가능성이 없다고 비판하지요. 예를 들면, 이런 거예요. 마르크스주의자와 비마르크스주의자와의 대화는 때때로 싸움이 되기 쉽습니다. 처음에는 건전한 토론으로 시작했다가 나중에는 '믿음'의 영역으로 가 버리기 때문이에요. 마르크스주의자는 말합니다. "자본주의 세상에서 양극화는 해결될 수가 없어. 노동자들에게 급여를 죽지 않을 만큼 조금씩 올려 주면서 혁명을 막아 낼 뿐이지." 이런 말을 들은 비마르크스주의자는 발끈합니다. "네가 좋아하는 공산주의는 현실에서 다 망했잖아. 너 쿠바 가서 살고 싶냐, 아니면 미국 가서 살고 싶냐?"

마르크스주의자가 다시 발끈합니다. "네가 그런 생각을 하는 것은 자본가들이 만들어 놓은 철학을 숭배하도록 교과서가 가르쳤기 때문이야. 사실은 가난한 쿠바 사람들이 빈부 격차에 시달리는 미국 사람들보다 행복할 수 있어." 비마르크스주의자는 어이없어 합니다. '이 정도면 종교다, 종교.' 속으로 이렇게 말하고 돌아서서 씩씩거립니다. 칼 포퍼는 이런 마르크스주의자들과 대화를 해 보고, 이와 같은 생각을 가진 사람들은 좋은 사회를 만들 수 없다고 직감했던 것 같습니다.

글로 옮겨 놓고 보니 정말 유치하네요. 이런 대화가 현실에 없었을까요? 저는 수십 번 들어 봤어요. 때때로 저는 마르크스의 편이 되어 보기도 했고, 비마르크스주의의 편이 되기도 했습니다. 그런데 여러분도 마르크스주의자가 된다고 한번 상상해 보세요. 끔찍한가요? 마르크스주의자는 항상 낙인찍히는 것에 대한 두려움이 있습니다. 사람들의 선입견이 대단하기 때문이지요.

하비 교수도 그런 이야기를 자주 합니다. 사람들이 자신을 '마르크스주의자Marxist'라고 부를 때 굉장히 불쾌하다고요. 그거 아세요? 마르크스도 자신을 마르크스주의자가 아니라고 말한 바 있어요. 이미 다룬 것처럼, 하비는 몇 년 정도 자신이 마르크스의 이론을 가져와 볼티모어의 주택 재개발 문제를 해석했다는 사실을 숨겼다고 합니다. 하지만 글을 읽어 보면 제대로 숨기지는 못한 것 같아요. 그는 은근히 엥겔스를 언급하면서 기존 도시경제학을 비판하고, 나아가 '쿠바'를 언급하면서 임대료가 없는 도시를 이야기하거든요. 아마 사람들도 그가 마르크스에게서 아이디어를 빌려 왔다는 사실을 눈치챘을 것입니다. 어쨌든 볼티모어 게토의 도시 문제를 교환가치와 사용가치에 기대어 설명한 그의 이론은 그럭저럭 들을 만했습니다. 그 내용은 이미 다뤘었지요.

제가 하고 싶은 말은 이거예요. 한쪽에는 열렬한 마르크스 팬들이 있습니다. 그를 이론적으로나 현실적으로 적절하게 활용하는 사람들도 있습니다. 마르크스 이론이 수정되어야 한다는 개량주의자도 있고, 마르크스가 남겨 놓은 '가치론'과 '지대론'을 해결해 보겠다고 나서는 사회과학자들도 넘쳐납니다. 그런데 다른 한편으로 마르크스는 어쨌든 금기시되어 왔던 사상입니다. 우리나라는 특히 더 그렇지요. 코리아는 냉전의 철저한 대립의 상징과도 같은 나라이지 않습니까? 북에는 철저한 1인 독재에 근거한 공산주의(일부 공산주의자는 북이 공산주의로 분류된다는 것에 기분 나쁠 수도 있습니다), 그리고 남에는 자유주의에 근거한 민주주의 정부가 대립하고 있습니다. 남한에서 공산주의 사상은 '위험한' 사상으로 치부되어 왔지요.

그런데 여러분 그거 아시지요? 하지 말라고 하면 더 하고 싶은 거? 마르크스의 사상을 '위험한' 사상이라고 정부에서 지정하니, 사람들은 그 사상에 더욱 매료됩니다. 마르크스는 평생을 공부했기 때문에 그 사상을 다 이해하는 것은 사실상 불가능할지도 모릅니다. 그런데 마르크스 책 한두 권 읽고 나서 그 사상에 매료된 사람들이 나오기 시작합니다. 68혁명 때 프랑크푸르트학파, 앙리 르페브르, 마르쿠제 등의 사상에 영향을 받은 학생들이 거리로 나왔던 것처럼, 1980년대에는 많은 학생들이 거리로 나왔습니다. 68혁명의 성격을 한마디로 규정하기는 어려운 것처럼, 한국에서의 운동 역시 한마디로 성격을 규정하기는 힘들어요. 학생운동 사이에서도 민족해방NL이니 인민민주주의 PD 등 계열이 존재하고, 또 그 사이에서도 엄청나게 많은 논쟁과 토론이 있었어요.

다시 하비로 돌아와 보지요. 하비는 『자본의 한계』를 통해 매우 독특한 입지를 선점합니다. 하비 교수는 마르크스의 저작을 따라서 읽어 보고, 그의 역사적 유물론적 변증법 시각을 익힌 후, 그것을 자본주의와 도시, 그리고 위기 이론의 체계를 정립합니다. 여기에서는 정립establish이라는 표현을 쓸 수밖에 없어요. 왜냐하면 하비는 마르크스가 써 놓지 않은 부분을 그의 시각으로 이론화theorize했기 때문이에요. 이 아이디어가 바로 『자본의 한계』 12장과 13장에 등장하는 내용입니다. 이 내용의 요체는 1978년에 하비 교수가 쓴 「분석틀」이라는 논문에서 비롯되었다는 것도 잠깐 떠올려 보지요. 그리고 조금은 나중 일이지만, 하비는 엄청난 인기를 구가하는 학자가 됩니다.

1978년 「분석틀」을 쓰는 시점은 아직 '신자유주의neoliberalism'라는 말 자체가 없었던 시대였습니다. 그뿐이겠어요? '세계화globalization'라는 말 자체도 거의 쓰이지 않던 때였습니다. 나중에 『포스트모더니티의 조건』에서 더 자세히 다루겠지만, '시공간 압축time-space compression'과 같은 간명한 표현은 '세계화'를 단숨에 이해하게 하는 마력이 있지요. "이윤율이 저하됨에 따라 자본주의는 여러 해법을 모색하게 되는데, 그것은 '공간적 조정'이다. 시공간을 압축함으로써 회전속도를 높이는 것이다." 얼마나 단순하고 아름다운가요?

역시 나중의 일이지만, 2008년 서브프라임 모기지론으로 촉발된 미국발 금융위기는 또 어떻고요? 데이비드 하비가 다뤘던 '가짜 자본'이 일시적으로 위기를 봉합할 것처럼 보이지만 위기가 오히려 지리적으로 이전하면서 확산된다는 그의 이론은 2008년에 가장 극적으로 맞아떨어집니다.

정통 마르크스주의 학자들 입장에서는 조금 이상한 생각이 들었을 것입니다. 마르크스의 사상 중에서 공간에 대한 이론은 거의 없거나 매우 작고 소소한 부분에 불과한데, 그 부분으로 저렇게 거대한 이론을 만들다니? 1989년 이후 하비는 엄청난 유명 인사가 되었으니, 그의 이론에 대해 여러 비판이 따라오는 것은 어쩔 수 없었지요.

영국의 유명한 사회학자인 밥 제솝Bob Jessop의 『자본의 한계』 리뷰를 간략히 보겠습니다. 참고로 밥 제솝은 영국의 사회학자로서 마르크스주의에 기반한 '국가론'의 세계적 대가입니다. 그는 "하비는 마르크스의 방법을 토대로 경제 범주와 위기 메커니즘을 재구성하고 발전시키며, 자본주의적 경제 비판의 중요한 영역을 더 확장하는 데 노력했다."라고 말하면서, 몇 가지 한계를 지적합니다. 첫째는 '임금' 문제에 대한 고찰, 둘째는 국가론의 부재, 셋째는 무역과 세계시장 이론의 간과 등을 지적합니다. 밥 제솝 교수는 국가론에 관심이 많기 때문에 두 번째 지적은 이해할 만합니다. 무역과 세계시장 이론 역시 하비가 국제경제학자가 아니니, 다소 모호한 서술이 있는 것도 사실이지요. 그런데 '임금'에 대한 비판은 다소 이해하기가 쉽지 않은 측면이 있습니다. 하비가 모든 분야의 전문가는 될 수 없겠지요. 엄밀히 말하면 그는 경제학자는 아니니까요.

하비에 대한 비판을 듣다 보면 "이것을 간과했다", "저것을 간과했다"는 류의 비판이 유독 많아 보입니다. 또한 "마르크스를 오해했다"는 비판도 있지요. 이 글에 싣기 어려울 만큼 날선 언어로 마르크스에 대한 하비의 '오해'를 지적하는 글도 제법 있습니다. 그런데 사실 마르크스주의자들 사이에서도 누가 제대로 마르크스를 이해했는지 판정을 내려 줄 수는 없습니다. 그 판정을 내려 줄 사람은 이미 19세기에 하늘나라로 가셨거든요.

저는 이런 점을 지적하고 싶어요. 하비 교수의 이론은 별처럼 많은 사회과학 이론 중 하나일 뿐입니다. 그러므로 모든 것을 설명해 낸다는 것은 불가능합니다. 그런 이론을 상상한다는 것 자체가 오만에 가까워요. **그가 쓰고 있듯이, 마르크스는 모든 문제는 다른 모든 것과 연결되어 있다고 믿었고, 그 믿음이 마르크스의 사상 체계를 믿을 수 없이 복잡하고 이해하기 어려운 것처럼 보이게 만들었다고 합니다.** 하비 교수는 그것을 좀 더 선명하게 정리하고, 선명하게 정리한 체계를 금융, 공간, 위기라는 주제로 가져온 것이지요. 저는 이 시도 자체가 훌륭하고 적절했으며, 부분적으로 성공했다고 생각합니다. 심지어 저는 데이비드 하비의 이론을 정면으로 내세워 박사학위 논문을 쓰기까지 했으니, 하비의 팔로워라고 해도 무리는 아닐 것입니다. 전 세계의 저와 같은 수많은 사람들이 하비를 자신의 방식대로 이해하고 소비하는 셈이지요.

사실 일반 사람들에게는 하비가 비판받는 지점이 이해되지 않을지도 모릅니다. 우리의 경제 교과서에는 마르크스도 나오지 않고, 하비도 나오지 않거든요. 하비 교수의 글이 어렵기는 하지만(본인이 너무 박식해서 그런 점도 있습니다), 논지는 명확하다고 생각합니다. 그의 논지는 마르크스주의로 공간 정치경제 이론을 재정립하자는 것이었습니다. 말하자면 다른 마르크스주의자가 성취하지 못한 수준으로 마르크스 식의 공간경제 이론을 만들고, 대중적으로도 비교적 유명한 스타 학자 반열에 올랐으니, 그의 시도는 어느 정도 성공한 셈이지요.

하비 교수의 이론은 부분적으로 앙리 르페브르의 공간생산론에 기대고 있어요. 1973년 『사회정의와 도시』 때부터 하비는 르페브르를 참고했습니다. 물론 전적으로 그의 논의에 동의한 것은 아닙니다. 르페브르는 이제 "도시주의urbanism(어버니즘 혹은 도시성: 도시의 생활이라고 일컬어지는 생활양식)가 산업사회를 지배한다."라고 썼는데, 하비 교수는 이 문장에 동의하기 어렵다고 말하지요(Harvey, 1973).

앙리 르페브르의 공간 생산은 다소 철학적이고 정치적인 느낌이라면, 하비는 '공간 생산' 개념을 경제에 적용시켰어요. 이것도 약간은 쿨한 점이기는 합니다. 그리고 평생 70권에 가까운 책을 쓴 앙리 르페브르보다 하비의 이론이 더 많이 인용되는 것도 부인할 수 없습니다. 한편으로 이런 생각이 들어요. '공간 생산'은 약간 철학적이고 모호한 아이디어였는데, 하비는 다소 과감하게 공간 생산의 아이디어를 자본주의 경제를 해석하는 툴로 활용한 것은 아닐까? 덕분에 우리는 '공간적 조정'이라는 유명한 문구를 알게 된 것이지요. 그런데 유명한 것과 '잘 설명하는 것'은 또 별개의 문제입니다. 앞으로 이 이론이 얼마나 설명력이 있을지는 두고 봐야겠지요.

하비의 저작 중 『자본의 한계』는 두말할 나위 없이 가장 중요한 저작입니다. 하비 교수의 사상을 이해하고 싶고, 딱 한 달 정도를 투자하고 싶다면 이 책을 한번 정독해 보는 것이 도움이 될 것입니다.

사실 이때까지만 해도 하비 교수의 전성기는 오지 않았어요. 하비 교수의 불세출의 저작이 나오기까지는 아직 7년의 시간이 더 남아 있거든요. 이 이야기는 다음에 더 들려드리겠습니다.

마르크스가 주식 투자를 장려한다고?

　제목만 본 분들이라면, '이게 도대체 무슨 말이지?'란 생각이
들 것입니다. 결론부터 이야기하자면, 마르크스가 주식 투자를
장려한 적은 없습니다. 그의 인생을 보면 돈을 버는 데 그다지
큰 재능은 없었던 것 같습니다. 참고로 경제학자 중에서 주식
투자를 통해 돈을 번 사람으로는 두 명이 유명한데, 리카도와
케인스입니다. 그 외에 경제학을 전공한 수많은 학자 가운데 주
식 투자로 성공한 사람은 그리 많지 않다고 합니다.

　사실 이 이야기를 꺼낸 이유는 『자본의 한계』에서 다루는 가
치value 문제를 짚어 보기 위해서입니다. 그러면서 마르크스 사
상의 맛을 한번 볼 필요가 있겠지요. 물론 그의 심오한 사상을
이 책을 통해 모두 이해할 수는 없겠지만, '가치론'과 관련된 몇

가지 내용을 짚어 보지요. 그리고 마르크스의 사고가 어떻게 뻗어 나가는지 잠깐 따라가 보는 것도 지적인 모험이 될 거예요.

가치 문제는 사실 아직도 완전히 해결되지는 않은 문제입니다. 오스카 와일드가 『도리언 그레이의 초상』이라는 책에서 쓴 유명한 문구가 있지요. "요즘 사람들은 가격에 대해서는 모두 알지만, 가치에 대해서는 하나도 알지 못하지Nowadays people know the price of everything and the value of nothing." 이 문장은 '가치'와 '가격'의 흥미로운 관계를 잘 짚었다고 생각합니다. 우리가 살고 있는 자본주의 사회에서 종종 '가치'는 '가격'으로 표현된다고 알려져 있지요. 그런데 '가격'이란 우리에게 숫자로 표시된 '교환가치exchange value'이지, 그 자체가 가치라고 보기는 어려워요.

위에서 주식 이야기를 꺼냈으니 이렇게도 말할 수 있습니다. 주식을 잘하려면, 회사의 '가치'를 잘 알아야 한다고요. 세계에서 가장 유명한 투자자 중 한 사람인 워런 버핏의 투자 철학을 한 마디로 '가치투자'라고 요약하기도 하지요. 말하자면 어떤 회사는 가치가 있는데 주식의 가격이 저평가되어 있다면, 그 주식은 살만하다는 것입니다. 여기서 그렇다면 '가치'를 어떻게 측정해야만 하는 것일까요? 측정할 수 있기는 한 것일까요?

가치론의 역사는 매우 길고 또 복잡합니다. 누군가 가치론 문제를 해결한다면, 그 사람은 노벨 경제학상은 물론 애덤 스미스보다도 유명한 학자로 기억될지도 모릅니다. 마침 노동가치론을 경제학의 이론으로 본격 채택한 것은 애덤 스미스였어요. 스미스는 가치를 사용가치와 교환가치로 구분했고, 교환가치의 척도는 '노동'이라고 주장했으며, 교환가치를 '화폐money'로 나타낸 것이 가격이라고 정의했어요. 사실 교환가치, 사용가치 등의 사고는 이미 고전경제학에서 있었던 사고방식이지요. 마르크스 역시 그 시대 선배 학자들이 만든 개념을 사용했습니다. 애덤 스미스는 노동가치론이 자본주의 이전의 사회에서만 가능하다고 주장했어요. 그래서 자본주의 사회의 가치를 어떻게 책정해야 할지는 역시 물음표였던 것이지요.

리카도는 가치론을 한 번 더 발전시킵니다. 상품의 가치가 '노동'에 의해 결정된다고 주장하기에 이르러요. 그리고 더 나아가 기계나 도구 등 고정자본에 투하된 간접노동 역시 직접노동과 함께 상품의 가치에 포함된다고 분석합니다. 앞서 예를 들었던 셔츠를 한번 생각해 보지요. 만약 지금 저에게 원단을 사 와서 셔츠를 만들어 보라고 하면 10시간을 주어도 만들지 못할 것입니다. 저는 셔츠를 만드는 일에는 '비숙련 노동자'이거든요. 그런데 옷을 전문적으로 만드는 사람이라면 어떨까요? 1시간이면 셔츠 하나를 만들 수 있을지도 모릅니다. 그런데 10명이 일하는 셔츠 공장이라면 어떨까요? 설비가 잘 갖춰져 있다면 1시간에 10장을 만들 수도 있습니다. 각각의 경우에 저는 10시간, 옷을 전문적으로 만드는 사람은 3시간, 셔츠 공장에서 일하는 사람은 6분(1시간에 10장이므로)이 걸렸어요.

자, 이제 리카도가 설명해야 하는 문제는 각각의 노동자가 서로 다른 상황에서 어떤 셔츠를 생산했을 때 노동자의 '노동시간' 혹은 '노동량'이 어떻게 가치를 만들어 내는지 하는 것이지요. 저는 여기에서 '숙련도'와 '고정자본(기계)'이라는 두 가지 변수만 주었어요. 하지만 자본주의 사회에서 물건은 많고, 그 물건들은 모두 각자 다른 방식으로 만들어집니다. 예를 들어, 미술품이 가치를 가지게 되는 과정을 생각해 볼까요?

어떤 화가가 그림을 그립니다. 사람들은 관심이 없습니다. 그런데 화가가 죽고 난 뒤, TV 다큐멘터리를 통해 그 화가가 유명해졌습니다. 사람들은 그림을 찾기 시작합니다. 그래서 그림의 가격이 천정부지로 올라갑니다. 그림은 그대로 있는데 '사람들의 욕망'에 의해 가치가 올라간 거예요. 그리고 그러한 가치가 생기면서 '가격'이 올라간 것이지요. 노동가치론에서 이 상황을 설명하기는 난해합니다. 왜냐하면 이미 미술가는 그림을 그리기 위해 '노동'을 투자했다는 것이지요. 이후에 어떤 사건으로 그림의 가격이 올라간다는 것은 '노동'이 아닌 다른 요인으로 가치가 올라갔다고밖에 말할 수 없어요. 나중에 또 이야기하겠지만, '골동품'이 어떻게 가치를 가지게 되었는가 하는 문제는 마르크스를 괴롭혔던 문제이기도 합니다.

사실 위 사례를 현대 주류 경제학으로 설명하는 것은 너무 쉽습니다. 현대 경제학의 주류인 '한계효용marginal utility학파'는 물건의 가치가 소비자에게 주는 '한계효용'에 의해 결정된다고 합니다. 사실 한계효용이라고 하면 말이 어렵지만, 재화 하나가 줄 수 있는 가치라고 생각해 보세요. 그림은 가만히 있었지만, '화가의 죽음'과 '다큐멘터리'라는 사건을 만나 '사람의 관심'이 생기고, 관심이 생기니 그 물건을 가지고 싶게 되었습니다. '효용'이 만들어지는 것이지요. 그리고 그 '효용'은 '수요demand'를 만들어 냅니다. 자, 이 정도면 거의 KO승 아닌가요? 하지만 한계효용학파의 관점에서 이야기하자면, 사실 '가치'라는 것이 존재하지 않는다고 말하는 것과 유사합니다. 왜냐하면 하루에도 몇 번씩 변하는 사람들의 필요에 따라 가치가 결정된다고 말하는 셈이거든요. 아까 말했던 '화가의 죽음'이나 '다큐멘터리의 성공'이라는 우연적인 사건으로 가치를 설명해야만 하는 것이지요.

『자본의 한계』 각주에서 데이비드 하비는 리카도를 살짝 언급합니다. 리카도는 당대 위대한 경제학자로서 또 다른 경제학자인, 우리에게는 『인구론』으로 유명한 '맬서스Malthus'와 여러 논쟁을 벌입니다. 나폴레옹의 대륙봉쇄령 이후 영국이 대륙으로부터 곡물을 수입해야 하는지에 대한 '곡물법' 논쟁이 아주 유명합니다. 이 '곡물법' 논쟁은 추후 리카도가 세상에 남긴 역대급 이론인 '비교우위론'을 만든 계기도 됩니다. 게다가 나중에 데이비드 하비의 『자본의 한계』에도 등장하는 지대론 역시 맬서스와의 논쟁을 통해 가다듬어집니다. 대단한 학자들의 토론이었지요!

데이비드 하비에 따르면, 리카도에게 맬서스는 이렇게 말했다고 합니다. "당신은 수요와 공급에 의해 가치가 만들어진다고 하는데, 내 생각에 그건 아무것도 말하지 않는 것이나 마찬가지야.You say demand and supply regulates value, this, I think, is saying nothing."(Meek, 1977: 158)라고요. 하비 교수가 이 이야기를 한 이유는 마르크스가 수요와 공급 법칙을 '가치'와 무관한 것처럼 묘사했기 때문이에요. 『자본론』 3권을 인용하면서 마르크스는 수요와 공급 법칙을 부정합니다. 수요와 공급만 가지고 자본주의의 생산 법칙을 아는 것은 불가능하다고 말이지요. 사실 이것은 과도한 주장이에요. 마르크스는 조금 단언적으로assertive 말하는 성격이었어요. 만약 더 신중했더라면, "수요와 공급도 일부 자본주의 가치를 설명할 수 있지만, 노동가치론이 어떤 측면에서 낫다."라고 썼을 거예요. 실제로 많은 학자들이 구사하는 화법이지요.

여기에서 데이비드 하비는 마르크스가 리카도의 의견을 따랐다고 하고 있어요. 하지만 약간의 부연 설명이 필요합니다. 리카도는 이렇게 쓰기도 했습니다. "맬서스 선생님이 말하는 상품의 교환가치가 투입된 노동량에 정확히 비례하지 않는다는 점을 보였습니다. 저는 그것을 지금 인정할 뿐만 아니라, 완전히 부정한 적은 없었어요"(Stigler, 1958: 357 재인용). 리카도는 이미 자신의 노동가치가 상품의 '가치'를 정확하게 측정할 수 있는 도구가 아니라고 말한 셈이에요. 지금 식으로 말하자면 한계효용학파의 견해를 어느 정도 수용한 셈이지요.

마르크스는 '노동가치론'을 밀고 나갑니다. 그래서 그는 노동자로부터 투입된 노동량이 상품의 가치를 형성하고, 자본가가 여기에 '잉여가치surplus value'를 붙여 상품을 판다는 것을 증명하고 싶어 했어요. 말하자면 '공급' 측면에서 이미 가치가 결정된다고 보았던 것이지요. 사실 이 문제는 마르크스의 저작 전체를 뒤흔드는 문제입니다. 왜냐하면 마르크스의 자본주의 분석의 가장 기초가 되는 것이 바로 이 '가치' 문제이기 때문이에요. 노동량과 '가치'가 상관이 없다면, 즉 노동가치론이 틀린 이론이라면, 제가 설명했던 이윤율 저하라든지, 착취율 증가라든지 그런 모든 것들이 허물어질 수도 있지요.

여기에는 역시 이 짧은 글에서 다 다룰 수 없는 엄청나게 많은 배경과 이슈가 있습니다. 하나만 예를 들어 보지요. 농경 사회에서 '노동가치론'은 그럭저럭 맞았을 수 있어요. 집에 2명의 노동력이 있는 것과 10명의 노동력이 있는 것은 아무래도 생산력에 차이가 날 수밖에 없지요. 그래서 "사람이 재산이다."라는 다소 낭만적인 설명이 가능합니다. 그런데 지금은 실리콘밸리에 가 보면 불과 몇십 명이 일하고 있는 회사가 수백만 달러의 매출을 만들어 내기도 합니다. 그 기업의 가치는 단순히 사람 10명의 노동력 값이 아닌 것이지요. 그래서 노동가치론은 산업사회 이전에나 성립하는 논리라는 말도 있습니다. 물론 마르크스 경제학자들은 이 논의를 반론합니다.

마르크스는 C-M-C라는 짧은 도식을 씁니다. 자본주의 사회에서 경제가 돌아가는 원리는, 상품commodity-화폐money-상품 commodity이라는 것이지요. 여기에서 마르크스는 마법이 일어난다고 생각했어요. 자본가는 C-M-C를 하는 과정에서 슬쩍 '잉여가치'라는 것을 통해 노동자를 착취하고, 그 가치를 자신의 배를 불리는 데 쓴다고 생각한 거예요. 그래서 마르크스는 다음과 같이 표현합니다. 이것은 『자본의 한계』 1장에 들어 있는 인용구예요.

부자가 되고 싶은 끝없는 욕심은 자본가나 구두쇠miser가 동일하다. 그러나 구두쇠는 얼빠진 '자본가'이고, 사실 자본가는 현명한 '구두쇠'이다. 교환가치가 끝없이 왜곡되는 과정에서, 구두쇠는 자신의 돈을 '순환'에서 꺼내 저장하면서 부자가 되려하지만, 자본가는 끊임없이 '순환'에 던져 넣어서 진짜 부자가 된다(『자본론』, 1: 152-153, 『자본의 한계』에서 재인용, 저자 의역).

마르크스가 보기에 '화폐'를 그냥 가지고 있으면 손해이고, 자본가는 현명하기 때문에 돈을 자본주의적 생산이라는 '순환(C-M-C)'에 집어넣어요. 그러면 어떻게 되지요? 잉여가치를 통해 더 부자가 될 수 있어요. 그럼으로써 자본주의 사회는 끝없이 자본가의 부를 증식시키고, 노동자를 착취하는 생산구조를 가지고 있다는 것을 마르크스는 증명하고 싶어 했습니다. 그가 평생 대영도서관에서 『자본론』을 쓴 이유이기도 하지요.

만약 그 말이 사실이라면, 여러분이 부자가 될 수 있는 가장 좋은 방법은 주식에 투자를 하는 거예요. 마르크스 말에 따르면, 돈을 은행 계좌에 넣어 놓고 있는 것은 '부자가 되고 싶지만, 사실 부자가 되는 방법을 모르는 얼빠진 구두쇠'이고, 자금이 생겼을 때 그것을 '자본의 순환'에 투입하는 것이 현명한 자본가이지요. 여러분이 주식을 사면 그 회사의 '자본'(진짜 말 그대로 '자본'입니다)을 가지는 것이니, 여러분은 작은 자본가가 되는 것입니다. 그렇게 주식을 투자하다 보면, 그 회사의 경영자들이 노동자들의 잉여가치를 열심히 착취해서 나중에 그 주식의 가치가 올라가 있을지도 모르겠습니다.

사실 『자본의 한계』의 내용을 모두 이런 식으로 설명한다는 것은 불가능합니다. 여러 번 강조하지만, 진짜 그 책의 내용을 알고 싶으면 직접 읽어 보는 것이 가장 좋은 방법이에요. 하지만 직접 읽으면 '가치론'에서 하비 교수가 마르크스의 어떤 부분을 방어하고 싶어 하는지 잘 이해하기가 어려울 거예요. 그래서 '가치론' 부분은 약간의 부연 설명이 필요했습니다.

요약하자면, 마르크스는 고전경제학파에서 '노동가치론'을 가져와 자본주의 생산구조를 설명하려고 노력했고, 그 시도는 충분히 성공했다고 보기 어렵다는 것입니다. 리카도조차도 사실은 노동량이 상품의 가치를 완전히 설명할 수 있다고 생각하지는 않았어요. 그리고 노동가치론은 마르크스 경제학 전체를 떠받들고 있기 때문에 아킬레스건이라는 사실을 잘 알고 있고, 하비는 가치론에서 이 내용을 아주 신중하게 서술하고 있습니다. 하비 교수의 마르크스 가치 해설이 여러분에게 와닿을 수 있을지는 진짜로 읽어 봐야 알 수 있겠지요?

보충 설명: 번역의 한계?

앞선 글에서 우리는 가치론에 관해 다뤘습니다. 사실 이 글은 '데이비드 하비'에 관한 시리즈이기 때문에 가치론에 대해 깊이 다루는 것이 과연 괜찮은가 하는 생각이 듭니다. 왜냐하면 데이비드 하비는 가치론에 집중한 학자라고 보기는 어렵기 때문입니다. 데이비드 하비의 장점은 어디까지나 마르크스를 40년 강독한 내공과 변증법에 의한 지리적 상상력이에요. 그리고 마르크스의 사고방식을 이어 나가 '공간'과 '도시'라는 화두로 확장한 것이 하비의 커다란 강점이었지요. 이 사고방식은 나중에 다룰 『포스트모더니티의 조건』에서 크게 주목받게 됩니다.

이 글에서는 조금 다른 화두를 다뤄 보려고 합니다. 한국에서 '마르크스'는 아직도 조금은 쉬쉬하는 경향이 있기 때문에, 데이비드 하비의 사상이 세계적으로 유명한 것만큼 유명하지는 않은 것 같아요. 그런데 데이비드 하비의 글을 영어로, 또 한국어로 읽어 보면, 그렇게까지 인기가 없는 이유를 알 것 같기도 합니다.

첫 번째는 데이비드 하비의 글 자체가 좀 어렵습니다. 이것은 아무리 하비를 좋아하는 사람이라도 부정할 수 없는 사실일 거예요. 물론 하비의 글 이전에 마르크스의 글도 어렵기로 유명하지요. 데이비드 하비의 글은 두 가지 점에서 어려운데, 첫째로 너무 많은 배경지식을 꺼내고 있어요. 우리는 파리코뮌에 대해서도, 조르주외젠 오스만Georges-Eugène Haussmann의 도시행정에 대해서도, 뉴욕의 재정 위기에 대해서도, 시인 보들레르에 대해서도 그다지 잘 알지 못합니다. 하비의 글은 이 모든 배경지식을 한 번씩 훑고 지나가지요. 그리고 마르크스에 관한 그의 글은 비교적 명쾌한데, 가치론에 관한 글은 그렇지 못한 것 같아요(Harvey, 2018). 하비 교수에 관한 책을 쓰면서 그를 깎아내리는 것은 아니지만, 우리가 원하는 설명은 '명쾌한 해명'이지, 신체에 대한 비유가 아닙니다.

또 하나의 난점은 번역을 말하지 않을 수 없습니다. 글을 더 전개하기 전에 저는 어떤 번역가도 비판할 생각이 없으며, 번역가들을 모두 존경합니다. 예를 들어, 한국에 『자본의 한계』를 읽은 사람이 2,000명 정도 있다고 했을 때, 최병두 교수님이 그 책을 번역하지 않았다면 몇 명이나 읽을 수 있었을까요? 게다가 번역본과 원본을 대조해 본 저의 입장에서는 아주 작은 단어의 의미 하나도 놓치지 않고 번역하려는 정성이 느껴졌습니다. 그럼에도 불구하고 번역의 이야기를 꺼내는 것은, AI 시대에 앞으로 조금은 더 공부하기가 쉬워졌다는 논지를 전달하고 싶을 뿐이에요. 그러니까 참고 한번 들어 보세요.

마르크스, 하비, 푸코, 르페브르 등 철학적인 이야기를 읽다 보면 꼭 나오는 단어가 있습니다. '표상(表象)'이라는 단어입니다. 여러분, '표상'이 무슨 뜻인지 감이 오나요? 한자어로 풀면, 겉으로 나타나는 모양이라는 뜻입니다. 하지만 한자 교육 주장하는 분들은 한자를 몰라서 뜻을 모른다고 하는데, 한자만 알아서는 이 단어의 뜻을 절대 알지 못합니다. '재현(再現)'이라는 단어는 어떤가요? 한자로 '다시 나타나다'라는 뜻이지요. 이 둘은 모두 'representation'이라는 영어 단어의 번역어입니다.

표상이든 재현이든 represent는 '가리키다'라는 한국어로 훌륭하게 표현될 수 있는 말입니다. 예를 들어, "A는 B를 가리킨다."라는 말을 영어로 쓴다면, 이렇게 표현할 수 있어요.

"A represents B."

그림으로 표현하면 아래와 같습니다. 이 사고는 매우 중요합니다. 옛날에 어떤 유명한 사람이 한 말이 있는데, "서양철학은 플라톤 철학의 각주"에 불과하다고 합니다. 저도 예전에 플라톤을 참 싫어했는데(관념론이 말이 되지 않는다고 생각해서), 지금은 보면 볼수록 플라톤의 관념론은 대단하다는 생각이 듭니다.

그림 14. 'represent'의 의미

서양 사람들 관념에서 세상은 그냥 존재하는 것이 아니라, 이데아idea가 있고, 현실은 이데아가 비춰서 형성되는 거예요. 여기에서 이데아는 우리가 쓰는 '아이디어'와 같은 단어예요. 그러니까 서양철학의 사고에서 항상 "A는 B를 가리킨다(재현한다, 대표한다, 대변한다)."라는 문구가 형성되는 것입니다.

이 사고는 민주주의 시스템과도 연결됩니다. 우리의 의견은 누군가 대표representation해서 전달하게 되는 것이지요. 여론 혹은 민심이 이데아idea라면, 그것의 대표representation가 정치인인 셈이에요. 그러므로 represent는 '대변하다'라고도 번역할 수 있지요. 민주주의 시스템을 요약하자면, 모호하고 정리되지 않은 '여론'이라는 것을 선발된 정치인을 통해 재현representation하는 것이라고도 말할 수 있어요. **그러니까 글을 제대로 읽기 위해 우리가 공부해야 할 것은 한자가 아니라 철학입니다.** 지금까지의 설명을 읽고 나면 '재현의 위기'와 같은 표현이 더 잘 읽힐 거예요. 재현의 위기란 원래 아이디어idea가 제대로 표현되지 못하고 있다는 뜻입니다. 나중에 '재현의 위기'란 개념이 등장할 때는 위 그림을 떠올려 보세요.

자, 가치론으로 넘어와 봅시다. 여기서 저는 다른 사람들은 좀처럼 다루지 않는 포인트를 하나 다루려고 합니다. 가치value라고 했을 때 여러분의 머릿속에는 무엇이 떠오르나요? 물론 자유, 평등, 노동, 민주주의, 양심 이런 것들인가요? 가치라고 했을 때 이 단어들이 떠오르는 것은 이상하지 않지만, 가치론의 가치는 밸류value예요. value는 '우리가 중요하게 생각하는 것'이라는 뜻도 있지만, '값'이라는 뜻도 있어요. 아니, 어쩌면 값이라는 용어로 굉장히 많이 사용됩니다. 함수값은 the value of function이지요. '가치'라는 말에는 '수치'라는 뉘앙스가 없지만, 밸류라는 표현에는 수치의 뉘앙스가 있어요.

그러므로 가치론value theory은 그 자체가 '물건의 가치가 어디서 오느냐'라는 논의인 동시에, '물건값value을 어떻게 매길 것인가?'라는 의미이기도 하다는 것이지요. 저는 대학원 다닐 때부터 '가치론'에 대해 사람들이 많이 오해한다고 생각했는데, 이미 1996년에 쓴 킷 심스 테일러Kit Sims Taylor란 분의 글을 참고해 볼 필요가 있어요(http://www.d.umn.edu/).

요약하자면, 경제학자가 구하려는 가치value는 '상품이 주는 유용성'이 아니고, 이 상품이 무엇과 교환될 수 있는지 '참값value'을 추정하는 거예요. 말하자면 시장가격이 아니라 장기 균형가격이지요. 왜냐하면 가격price이라는 것은 시장에서 수요와 공급에 의해 왔다 갔다 하는 것으로, 물건의 '참값'과는 다르다고 생각했기 때문입니다(참고로 시장가격이 이렇게 뛰고 저렇게 뛰는 것을 영어로 변동성volatility이라고 합니다). 그래서 이 둘을 구분해 내기 위해 경제학자들은 교환가치, 자연가격natural price, '생산가격prices of production'(즉 시장가격이 아닌 것이지요)이라는 용어로 가격price과 가치value를 구분합니다. 이 둘의 공통점은 어쨌든 '정량'적으로 표현될 수 있어야만 한다는 거예요.

자, 여기까지 읽고 '노동가치론'이라는 의미를 다시 생각해 보면 어떤가요? '노동'이 상품의 '미덕'이라는 뜻이 아니라, '노동으로 상품의 참값을 계산할 수 있다'는 뜻이 되는 것입니다. 이

것이 가능한지, 또 어떻게 해결될 수 있는지는 아주 지난한 논쟁이기 때문에 별도의 공부를 할 필요가 있습니다. 다만 이 글에서 말하고 싶은 것은, **가치의 문제(특히 경제학에서)는 절대 숫자와 별개로 존재할 수 없다**는 것입니다. 그렇기 때문에 혹시라도 수치로 '가치'를 일관되게 설명하지 않아도 괜찮다고 말하는 사람이 있다면, 그것은 조금 맞지 않는 이야기일 수 있으니까요.

번역을 하는 존경하는 모든 분들이 이러한 설명을 구구절절 달아 놓을 수는 없습니다. 하지만 번역가들 사이에서도 용어가 통일되지 않은 것은 문제라고 생각합니다. 예를 들어, embeddedness라는 단어가 있는데, 사회학에서는 '배태성'이라고 번역하는 경향이 있고(김우식, 2003), 지리학에서는 '착근성'이라고 번역하는 경향이 있습니다. '뿌리내림'이라고 한글 느낌 나게 번역하기도 하지요(이재열·박경환, 2018). 다양한 번역어가 있으면 좋지 않겠냐 싶지만, 사실 글을 읽는 독자는 **한국어를 통해 영어 단어를 추정**할 수 있어야 합니다. 물론 공간적 조정 spatial fix과 같이 중의적인 표현을 완전히 일관적으로 번역한다는 것은 불가능하겠지요.

초보자들에게 '번역'은 너무 힘든 장벽입니다. 하지만 이제는 세상이 많이 좋아졌어요. 영어로 된 페이지가 있다면, 브라우저

Chapter 6: Theories of Value

As values, all commodities are only definite masses congealed labour time.

- Karl Marx

The value of a thing is just as much as it will bring.

- Samuel Butler

뒤로   Alt+왼쪽 화살표

앞으로   Alt+오른쪽 화살표

새로고침   Ctrl+R

다른 이름으로 저장...   Ctrl+S

Overview

인쇄   Ctrl+P

전송...

Google로 이미지 검색

내 기기로 보내기

이 페이지의 QR 코드 생성

한국어(으)로 번역

Read in Language Reactor

페이지 소스 보기   Ctrl+U

검사

One of the enduring que
n which economic philo
value. At the center of n
economists found value
ould be reduced to labo
Neoclassical economists
Marginal Theory of Valu
Keynesians with their Sra
based on production rat
abstract formulation: in 1
philosophy. In other wor

ome from?" One of the
nswering the question c
lue. The classical politic
t of the cost of product
r Theory of Value.
inge and developed the
er challenge by the pos
the labor theory of val
economics is an extreme
etween economics and
e]

But it is essential reading. Theories of value are at the heart of two of the major themes

그림 15. 페이지 전체 번역하기: 브라우저에서 오른쪽 클릭을 하면 바로 페이지를 한국어로 번역할 수 있습니다.

에 들어가 오른쪽 클릭을 하면 바로 한국어로 번역할 수 있습니다. 기계번역이 너무나 쉬워진 요즘에는 사실 번역가에게 의존하지 않고 글을 번역해 볼 수 있습니다. 기계번역은 아직 어색한 부분이 있지만, 그래도 놀랍게 발전하고 있어요. 그리고 기계번역을 보다가 여러분이 도저히 이해되지 않는 부분이 있다면, 다시 원문을 보세요. 그리고 기계번역에서 사용된 용어들이 원문에서 어떻게 쓰여 있는지 생각해 보면 엄청나게 도움이 될 것입니다.

데이비드 하비,
영국 옥스퍼드에서 새로운 시작

『포스트모더니티의 조건』(1989): 하비 교수의 출세작!

　하비 교수는 1982년 『자본의 한계』를 출간했고, 머지않아 1987년 옥스퍼드 대학교 교수로 임용됩니다. 핼퍼드 매킨더 Halford Mackinder 석좌교수라는 직함으로 있었습니다. 이 매킨더는 바로 지리학과라면 한 번쯤 들어 보는 '심장부heartland 이론'의 그 매킨더입니다. 우크라이나와 중앙아시아 등 심장부를 장악하는 국가가 전 세계를 장악할 수 있다는 초기 지정학 이론입니다. 사실 이 이론은 '지리학과 제국주의'라는 불편한 조합으로 탄생했지만, 이후 지정학의 발전에 큰 영향을 미친 이론이기도 합니다.

생각해 보면 아이러니투성이입니다. 하비 교수는 영국에 있을 때는 마르크스에 대해 거의 관심이 없다가, 미국으로 건너가서 마르크스를 읽기 시작합니다. 지금(2023년)도 하비 교수는 뉴욕시립대학교 인류학과 교수로서(지리학과가 아니라) 마르크스의 『자본론』, 『그룬트리세』 등을 강의합니다. 자본주의의 심장과도 같은 뉴욕에서 말이지요. 게다가 마르크스 사상가가 되어 옥스퍼드로 돌아가 부임한 대학의 직함은 '핼퍼드 매킨더'였습니다.

아이러니는 여기에서 끝이 아닙니다. 2022년에 데이비드 하

비는 자신의 학문적 여정을 요약하는 글을 하나 작성했습니다(Harvey, 2022, https://doi.org/). 하비는 자신의 가장 중요한 저작을 꼽으라면 『자본의 한계』와 『모더니티의 수도, 파리 Paris, Capital of Modernity』 두 권이라고 합니다. 그런데 왜 사람들은 상대적으로 덜 중요한 『포스트모더니티의 조건The Condition of Postmodernity』을 더 자주 인용하느냐고 불편한 기색을 내비칩니다.

그는 저작들을 소개하면서 자신의 출세작인 『포스트모더니티의 조건』에 대해서는 별다른 언급조차 하지 않습니다. 2023년 하비 교수가 했던 다른 인터뷰에서는 『포스트모더니티의 조건』에 대해 다음과 같이 언급합니다.

나는 『포스트모더니티의 조건』을 큰 주목을 받지 않을 것이라고 생각하며 썼고, 일부는 농담 삼아 썼다(Harvey, 2023 인터뷰).

만약 이 인용구만 읽고 『포스트모더니티의 조건』을 읽지 않은 분이 있다면, 만만한 책이라고 보아서는 곤란합니다. 아마이 책의 한 페이지라도 읽어 본 분들이라면 제 말을 이해할 것입니다. 이 책은 하비 교수가 가장 쉽게 썼으며 부분적으로는 웃으라고 쓴 이야기라고 하는데, 전혀 웃기지 않고, 보들레르, 아도르노, 피카소, 발자크 등 수많은 철학자, 예술가, 문학가들의 예시를 들면서 논지를 전개합니다. 캐스팅이 너무 화려한 나머지 도대체 무슨 말을 하는지 헷갈리기조차 합니다.

하지만 이 책의 앞부분이 어렵다고 해서 뒷부분 논지까지 그렇게 어렵기만 한 것은 아닙니다. 이 글에서는 본격적으로 『포스트모더니티의 조건』에 대해 다루기 전에, 1970년대 전후반의 상황을 한번 살펴보도록 하겠습니다. 앞선 글에서 비판철학을 소개하며 1960년대 분위기를 다뤘으니, 혹시 이때 상황이 궁금한 분들은 참고하기 바랍니다.

하비 교수는 역사적 전환점이었던 1969년에 『지리학에서의 설명』을 발간하고, 거의 동시에 존스홉킨스 대학교로 임용됩니다. 당시 전 세계는 68혁명 분위기로 들끓고 있는 상황이었어요. 많은 사람들이 반대했던 베트남전쟁은 1975년 종전됩니다. 같은 해 경제사에서 정말 중요한 일이 일어나는데, 바로 브레턴우즈 체제의 붕괴입니다. 참고로 브레턴우즈 체제의 성립에 대해서는 이미 다뤘던 바 있지요. 1944년에 전 세계는 대공황과 같은 파국을 방지하기 위해 금 1온스에 35달러로 고정환율제를 시행합니다. 다른 나라의 통화가치는 달러에 고정시켰지요. 이와 같은 상황에서는 전 세계 화폐의 가치를 표준화시킬 수 있으니 대공황처럼 극도로 경제가 불안정해지는 것을 막을 수 있다고 생각하여, 연합국에서 이런 결정을 하게 된 것이지요.

그런데 미국은 생각보다 많은 달러를 사용합니다. 베트남전쟁을 치르기 위해서는 엄청난 양의 무기를 구입하고, 또 병력들에게 월급도 줘야만 했지요. 사실 베트남전쟁만이 유일한 문제는 아니었어요. 우리나라 재건하라고 돈도 빌려줬지요. 그리고 유럽 재건하라고 마셜 플랜을 적용했는데, 이것은 쉽게 말해 유럽에 달러를 뿌린 것이나 다름없어요. 그러므로 연방은행에 금 보유량이 모자라게 됩니다. 많은 국가들은 달러에 대한 신뢰가 떨어져 돈 줄 테니 금을 달라고 요구합니다. 그런데 달러를 금으로 바꾸다 보니 금이 모자랍니다. 그래서 닉슨 대통령은 1971년 금 태환을 못하겠다고 선언해 버렸고, 이로써 고정환율제는 사실상 막을 내립니다. 1973년에는 본격적으로 변동환율제로 변동하게 됩니다. 이제 화폐시장은 거의 완전경쟁에 가까운 시장으로 변동합니다. 그러니까 각 국가의 화폐 수요와 공급에 온전히 의존하여 환율이 결정되는 것입니다. 지금까지도 전 세계 대부분의 국가들은 변동환율제를 채택하고 있습니다. 참고로 중국의 경우는 관리변동환율제를 채택하며 사실상 고정환율제에 가까운 정책을 선택하고 있지요.

이 시기에 또 하나 중요한 사건이 있는데, 바로 '석유파동'과

'스태그플레이션stagflation'입니다. 석유파동은 말 그대로 '자원 민족주의'가 발동하면서 석유 가격을 담합해 올린 사건입니다. 이때 원자재 값이 올라가면서 각국 경제가 휘청거렸지요. 전 세계 경제가 엄청난 타격을 입었고, 이때 우리가 너무나 잘 알고 있는, 물가가 오르면서 동시에 실업률이 오르는 '스태그플레이션' 현상이 나타나게 됩니다. 자본주의의 황금기가 1960년대라고 한다면, 그 문제점이 폭발한 것은 1968년이었고, 1973년에 이르러 드디어 자본주의는 내리막길을 걷기 시작합니다.

이렇게 자본주의 역사에서 중요한 일이 많았던 1973년은 바로 하비 교수의 『사회정의와 도시』가 출간된 해이기도 하지요. 그뿐만 아니라 1970년대 하비 교수는 매년 거의 빠지지 않고 『자본론』을 강독하면서 마르크스 사상에 더욱 집중하게 되었습니다. 어쩌면 1970년대에는 자본주의가 끊임없이 내리막길을 걸을지 모른다는 불안감이 남아 있었습니다. 1990년대에 와서는 소련제국이 붕괴해 버렸지만, 당시만 해도 소련이 눈을 시퍼렇게 뜨고 미국과 군비경쟁을 하던 시기였어요.

하비 교수는 이 시점에서 가장 열심히 공부를 했던 것 같습니다. 1982년에 『자본의 한계』가 출간되었으니까요. 하비 교수는 1975년과 1976년 프랑스에서 안식년을 보냅니다. 이 안식년은 꽤 중요합니다. 하비는 자신의 가장 중요한 저작이 『자본의 한계』와『모더니티의 수도, 파리』라고 할 정도로 파리에 대한 애정을 드러냅니다. 파리는 68혁명은 물론 파리코뮌 등 마르크스주의의 역사와는 떼려야 뗄 수 없는 중요한 도시입니다. 하비 교수는 파리에 머물면서 1848년 시민혁명과 1871년 파리코뮌 출범(파리 시민이 세운 사회주의 자치정부, 2개월의 짧은 시간 동안 사회주의 정책을 실험에 옮겼습니다) 사이에 무슨 일이 일어났는지 조사했다고 합니다.

하비 교수의 한 가지 큰 연구 주제가『자본론』에서 나타난 마르크스의 사상을 시간적·공간적으로 확장하는 논리적인 이론 작업이었다면, 다른 하나의 큰 주제는 역사적 유물론적 작업이었습니다.『자본의 한계』서문에서 하비가 밝히고 있는데, 시간과 공간의 제약상으로 이 이론의 모든 역사적 유물론적 근거를 다 서술할 수는 없다고 합니다. 그래서 하비는『자본의 한계』에서 다소 일반론적으로 서술했던 내용의 역사적 근거를 찾고 싶어 했고, 그러한 노력의 결과가 나중에 출간된『모더니티의 수도, 파리』입니다.

『모더니티의 수도, 파리』가 2003년에 출간되었으니,『포스트모더니티의 조건』은『모더니티의 수도, 파리』의 예비작 정도 되는 성격이었을 것입니다. 하비 교수는 이 책에 대해 다양한 감정을 표현합니다. 자신의 커리어를 정리할 때『포스트모더니티의 조건』에 관해서는 제대로 설명하지도 않습니다. 1975년과 1976년 파리에서의 경험을 토대로『포스트모더니티의 조건』은 쉽게 쓸 수 있었다고 말합니다. 누누이 말씀드리지만, 하비 교수에게 쉬운 것이지 우리에게 쉬운 것은 아닙니다. 하비는 이 책이 크게 주목받을 것이라고 생각하지 않아 "농담 삼아" 썼다고 합니다.

　나중에 더 자세히 다루겠지만, 역설적으로 하비 교수를 지금의 하비 교수로 만들어 준 책이기도 합니다.『포스트모더니티의 조건』이 하비 교수의 책 중에서 가장 많이 인용되고, 가장 많이 판매된 책임에는 변함이 없습니다.『자본의 한계』에서 보여준 묵직한『자본론』분석,『모더니티의 수도, 파리』에서 나타난 하비 교수의 역사에 대한 식견도 좋지만, 결국 많은 사람들은『포스트모더니티의 조건』에서 보여 준 하비 교수의 이론을 많이 활용했습니다. 하비 교수는 왜 그런 작품을 가장 많이 인용하느냐고 다소 불만 어린 시선을 보내지만,『포스트모더니티의 조건』에서 나타난 하비 교수의 생각이 사람들에게는 공감을 불러일으킬 요소가 가장 많았던 것 같습니다.

　곧이어 본격적으로『포스트모더니티의 조건』에 대해 다뤄 보도록 하지요.

이렇게 쉬운 논지의 책이었다고?

지난 글에서 우리는 『포스트모더니티의 조건』이 등장하게 된 배경을 다뤄 봤습니다. 이제 데이비드 하비의 『포스트모더니티의 조건』으로 바로 들어가려 했는데, 아직도 몇 가지 배경지식이 남은 것 같아 풀고 넘어갈까 합니다. 『포스트모더니티의 조건』의 논지 자체가 어렵진 않지만, 많은 배경지식이 필요한 책이기 때문이에요.

그래도 우리가 하비의 책으로 곧바로 들어가기 전에 '포스트모더니티postmodernity'에 대해 잠깐 다루기는 해야 할 것 같습니다. 이와 유사한 주제는 이미 비판철학에서 살짝 다룬 적이 있어요. 아도르노와 호르크하이머는 『계몽의 변증법』이라는 책에서 철저하게 '근대modern'를 비판했습니다. 근대를 비판한다는 것이 도대체 무엇일까요? 또 근대의 특징을 근대성modernity이라고 명명할 수 있을까요? 그리고 '근대성'과 '탈근대성post-modernity과는 어떤 관계가 있을까요?

참고로 근대를 그냥 '비교적 지금과 가까운' 시대라는 말로 이해해서는 조금 곤란합니다. 철학이나 사회학에서 '근대'라는 말은 제법 특수한 의미를 가지거든요. 그런데 또 근대의 정의가 모든 사람이 동의할 수 있는 정도로 명확한지는 잘 모르겠습니다. 이 글에서는 어쨌든 논의를 끌고 나가야 하기 때문에 근대를 조작적으로 정의해 보겠습니다.

대략적으로 '근대'는 지금과 같은 경제, 사회, 철학, 과학이 시작된 시기를 의미합니다. 과학으로 보면 17세기 뉴턴의 과학혁명 이후를 의미하지요. 경제학적으로 근대는 18세기 산업혁명 이후를 의미합니다. 정치적으로는 역시 18세기 후반, 즉 프랑스 시민혁명을 의미하지요. 철학은 조금은 다를 수 있는데, 보통 데카르트 이후 철학을 '근대' 철학이라고 규정합니다. 시기적으로 보면 철학이 가장 먼저 근대를 열었고, 그다음에 과학이, 그리고 시민혁명과 산업혁명 순서입니다.

근대는 시기가 중요한 것이 아니라, 그것이 상징하는 것이 중요합니다. 흔히 그것을 우리는 모더니티modernity라고 부릅니다. 경제로 보면 산업자본주의를 꽃피운 시기가 근대라고 할 수 있습니다. 물론 그 안에 짧긴 하지만, 자본주의에 반대해 나타난 공산주의(혹은 사회주의) 운동이 있었지요. 과학과 기술은 눈부시게 발전합니다. 이제 드디어 기계가 물건을 본격적으로 생산하기 시작하고, 하늘에는 비행기가 날아다니고 땅에는 자동차와 기차가 다닙니다. 이 시기에 인류는 엄청나게 풍요로워졌어요. 그뿐만 아니라 근대의 '합리성'이 세상을 지배하기 시작했지요. 그리고 이 '합리성'이라는 키워드는 데카르트, 칸트, 헤겔로 이어지는 관념론적 사상과 밀접한 관련이 있다는 것도 짚어 줄 필요가 있겠습니다.

그럼 인류 문명은 점점 좋은 방향으로 발전하고 있었던 것일까요? 나쁜 것 몇 개만 나열해 보지요. 일단 인류의 숙제인 부익부빈익빈 현상이 있습니다. 아무리 부자가 많이 생겨도 가난한 사람들을 모두 구제할 수는 없었어요. 부자는 기존 농경 사회에서는 있을 수 없을 정도로 부를 축적할 수 있게 되었지요. 자본주의의 고질적 병폐인 '양극화polarization'가 엄청나게 커지기 시작합니다. 게다가 나쁜 것은, 가난한 사람이 부자에게 '반감'을 가지기 시작했다는 사실이 중요합니다. 사람들은 '내가 무능해서 가난한 것이 아니라, 자본주의가 가난한 사람을 양성하는 것 같다'고 생각하기 시작했어요.

이 말은 어느 정도 사실인 측면도 있었어요. 혹시 인클로저 enclosure 운동을 아시나요? 인클로저란 공동경작지를 사유화하는 것을 의미합니다. 기본적으로는 소규모 경작농이 대규모 농장에 합병되는 형태로 일어났습니다. 인클로저 때문에 경작지를 잃은 소작농들은 먹고살기 위해 도시로 모여들었어요. 이들은 초기 자본주의 문명의 핵심이라고 할 수 있는 '저임금 노동'을 제공하기 시작합니다. 자본주의에서 노동력의 공급이 많아지니, 당연히 가격은 내려가고 노동의 질은 나빠집니다. 그래서 '노동운동'이 생겨난 것이고, 이 사상이 발전하여 나중에 사회주의 사상으로 이어지게 됩니다.

기후변화는 비교적 최근에 들어서야 사람들이 중요한 어젠다로 인식하기 시작했지만, 끔찍한 일들은 이전에도 많이 일어났지요. 산업혁명의 본산지 영국에서는 1952년 스모그로 수천 명이 사망한 '런던스모그' 사건이 있었습니다. 그뿐이겠어요? 기후는 점점 따뜻해지고, 북극의 얼음은 녹아내리고 있지요.

경제 자체는 어땠나요? 이미 여러 차례 언급했던 대공황은 자본주의가 치명적인 단점을 가지고 운행되고 있다는 사실을 단적으로 보여 줍니다. 이 기차의 끝이 과연 어디인지 아무도 모르는 것이었지요. 제2차 세계대전은 이러한 모든 모순이 폭발한 것이라고도 볼 수 있어요. 일단 제2차 세계대전이 일어난 배경 자체가 대공황이었습니다. 그리고 그 배후에는 또 제국주의 문제가 도사리고 있습니다. 제국주의야말로 국내에서 물건이 판매가 안 되니 해외 시장을 개척하는 과정에서 나타난 자낳괴(자본주의가 낳은 괴물)라고 할 수 있었던 것이지요.

제2차 세계대전의 종식 역시 드라마틱합니다. 제2차 세계대전의 종식은 오펜하이머가 만든 '핵폭탄'으로 끝이 났습니다. 민간인을 포함하여 20만 명이 넘는 사람들이 죽었지요. 엄청난 과학의 발전으로 만들어 낸 발명품인 '핵무기'가 이제 인류 자신을 향하게 된 것이었습니다. 만약 제3차 세계대전이 일어나서 서로서로 핵을 쏴대면 어떻게 될까요? 누군가 언급했던 것처럼 이제 우리는 '구석기' 시대로 돌아갈지도 모르겠습니다.

근대 문명에 대한 비판은 예전부터 있어 왔습니다. 근대 문명을 회의한 사람들이지요. 많지는 않지만, '니체'가 그런 느낌의 철학자라고 할 수 있습니다. 니체가 보기에 근대 프로젝트는 '신화'에 불과한 것이었어요. 그리스 신화에서 태양신 아폴론도 있지만, 쾌락의 신 디오니소스도 있습니다. 이 두 가지 측면이 인간의 중요한 면을 상징하지요. 니체에게 서구 문명은 합리성과 힘을 위시한 아폴론적 문명이 지배하는 사회로 보였을 것입니다. 철학에서 디오니소스적 철학을 복구하는 것이 니체의 목표였습니다.

그렇다면 마르크스는 '근대'에 해당할까요, 아니면 '탈근대'에 해당할까요? 보기에 따라 다르겠지만, 마르크스의 이론 역시 근대의 산물로 보는 경향이 지배적입니다. 나중에 하비 교수는 마르크스가 '근대성'을 가장 잘 이해한 사람이었다고 치켜세우지요. 이런 해석에는 90% 이상 동의합니다. 마르크스는 여전히 '이론'을 만들어 자본주의의 구조를 처음부터 끝까지 설명해 버리겠다는 포부를 가지고 있습니다. 19세기는 이론 과잉의 시대였어요. 수많은 사람들이 자신의 이론으로 세상을 다 설명해 내고 싶어 했습니다. 그런 과정에서 리카도, 맬서스와 같은 걸출한 학자들이 나오기도 했지요.

아무튼 이미 설명한 것처럼 '비판철학'은 근대성에 대한 통렬한 비판에서 출발했습니다. 그런데 항상 비판자들은 '대안이 뭐냐?'는 비판을 듣게 되지요. 실제로 68혁명은 상당히 폭력성을 띠고 있었습니다. 시위대는 곳곳에서 경찰과 충돌했고, 상점을 약탈하거나 물건을 훔치는 등의 일도 빈번했어요. 아도르노나 호르크하이머는 초기에 이 시위를 지지했지만, 시간이 지날수록 폭력 시위는 지지하지 않겠다고 선언합니다. 쉽게 말하자면 '손절'을 하게 된 것이지요.

자, 그럼 포스트모더니티postmodernity(탈근대성)란 무엇일까요? 많은 사람들이 '근대'를 비판했기에 이제 '근대'가 무엇인지는 알겠는데, '포스트모던'은 무엇인가요? 근대를 '벗어나자'는 것인가요, 아니면 근대를 '지나가자'는 말인가요? 근대성을 버리고 새로운 뭔가를 찾자는 것인가요?

포스트모던의 철학을 알리는 출발점 중 하나는 '비트겐슈타인Wittgenstein'으로 잡을 수 있습니다. 이것도 엄청나게 논란이 많은데, 아무튼 '비트겐슈타인'은 근대뿐만 아니라 기존의 철학을 완전히 부정해 버리기에 이릅니다. 철저한 부정이 있어야 새로운 뭔가를 만들 수 있는데, 비트겐슈타인은 철학적 문제를 통째로 부정해 버립니다. 전기 철학과 후기 철학이 조금 다르기는 하지만, 어쨌든 비트겐슈타인은 철학을 부인해 버립니다. 그의 주장을 과감하게 요약하자면, '언어는 철학을 할 수 있는 도구가 아니며, 그러므로 지금까지 철학자들이 해 온 말들은 헛소리에 불과하다'는 것입니다. 그는 모든 철학적 문장은 문법적 오류이거나 동어반복이라고 주장하기에 이릅니다. 논리적으로 의미 있는 명제들은 존재한 적도 없고, 앞으로도 존재할 일이 없는 것이 되어 버립니다. 그는, "말할 수 없는 것에 대해서는 침묵해야 한다."라는 유명한 문구를 남깁니다.

대략 20세기는 포스트모던과 모던이 혼재한 시기라고 볼 수 있습니다. 비트겐슈타인이 근대 사고를 무너뜨리는 역할을 했다면(물론 실제로 무엇이 무너지거나 하지는 않았습니다), 사실 포스트모던이라는 말이 그래도 잘 어울리는 사람은 미셸 푸코Michel Foucault라고 할 수 있습니다. 푸코 이후에 사람들은 '작은 것'에 주의를 기울이기 시작했어요. 푸코는 기존 사회과학자들과는 확실히 다른 접근법을 가지고 있었습니다. 그의 관심사는 정신병, 규율discipline, 생(生)정치bio politics, 호모섹슈얼리티homosexuality, 정신분석학psychoanalysis 등이었어요. 기존 사회과학자보다는 훨씬 개인적이고 예민한 부분에 초점을 두었지요. 이러한 그의 사고는 나중에 『감시와 처벌Surveiller et punir』, 『안전, 영토, 인구Sécurité, territoire, population』로 이어집니다.

역시 이 위대한 철학자들의 생각을 한두 마디로 요약할 수는 없지만, '포스트모던'에는 '근대'와는 다른 점들이 나타나기 시작합니다. 몇 가지 특징만 나열해 보면 다음과 같습니다. 첫째, 근대의 오만성을 버리기 시작합니다. 19세기까지의 사회과학 이론은 인류 문명을 내 이론으로 다 설명해 버리겠다는 뉘앙스를 풍겼지요. 그런 것은 가능하지가 않습니다. 『계몽의 변증법』에서 보았듯이, 근대인들은 합리적인 척하지만 사실 인종차별, 빈부 격차, 젠더 불평등 문제 등에 대해 별다른 대책도 없이 달려가고 있었어요. 포스트모던에 이르러 다양한 것에 관심을 가지기 시작합니다. 근대에서 잊혀지기 일쑤였던 동성애자, 인종

문제 등 소수자 문제에 관심을 가진 것도 소위 포스트모던의 특징이라고 볼 수 있겠습니다.

둘째, 합리적 주체라는 환상을 깨기 시작합니다. 데카르트 이후 근대의 계몽 프로젝트는 '합리성rationality'으로 무장하고 있었어요. 합리적인 사람을 만들어 내는 것이 근대 교육의 목표가 되었지요. 물론 이것은 지금도 유효합니다. 그런 점에서 우리는 지금 넓은 의미에서 '근대'를 살고 있다는 점을 부정할 수 없어요. 이것도 참 논쟁적인 말이지만, '포스트모던'은 근대의 여러 모습 중 하나일지 모릅니다. 어쨌든 근대 프로젝트가 기획했던 선형적으로 한 가지 목표를 지향해 나아가던 이념상ideal type은 이제 점점 다양한 측면을 받아들이기 시작합니다. 이에 대해서는 양자역학 등의 영향도 조금은 있었다고 합니다. 뉴턴의 물리학 법칙처럼 간략한 수학 법칙으로 세상의 운동 법칙을 설명해 버리는 것이 근대적 사고라면, 전자의 속도와 질량을 동시에 측정할 수 없어 일종의 '확률' 게임을 해야만 하는 것이 '포스트모던'의 운명이 되었다는 설명도 그럴듯합니다.

셋째, 철학이 조금은 가벼워지기 시작합니다. 근대 철학은 인상 쓰고 세상의 모든 것을 설명해 버릴 기세였다면, 포스트모던 철학은 확실히 좀 더 가볍습니다. 슬라보이 지제크Slavoj Žižek(유고슬라비아 출신의 마르크스주의 철학자) 같은 사람이 대표적입니다. 또 장 보드리야르Jean Baudrillard와 같은 철학자는 마르크스의 이론을 마음껏 비틀고 비꼬면서 논지를 전개하지요. 심지어 그의 저서 『소비의 사회』에서 "나는 소비한다, 고로 존재한다La société de consummation."면서 근대인을 재정의하기도 합니다(장 보드리야르, 2007). 마르크스는 인간의 본질을 노동으로 보았지만, 자본주의 사회에서 인간의 본질은 '소비'라고도 말합니다. 소비를 통해 인간은 정체성을 찾는다는 것이지요. 샤넬이나 구찌 같은 명품을 착용하는 이유는 자기가 '이런 사람'이라는 것을 보여 주고 싶어서라는 것입니다. 만국의 노동자들이 단결하여 자본주의를 분쇄하자던 마르크스 철학보다는 확실히 좀더 부드럽고 가벼워진 측면이 있습니다.

제가 이렇게 대략 정리하기는 했지만, 사실 '포스트모더니티가 이것이다!'라고 말할 수 있는 사람은 아마 없을 것입니다. 그런데 데이비드 하비는 『포스트모더니티의 조건』에서 그것을 해 버린 거예요. 누가 감히 '포스트모더니즘'을 정의할까 싶었는데, 하비 교수는 마르크스 관점으로 '포스트모더니티란 이런 것이다!'라고 정의해 버린 것입니다.

자, 다음에는 진짜로 하비가 『포스트모더니티의 조건』을 무엇이라고 생각했는지 알아보겠습니다.

언어라는 망할 도구(feat: 나는 스스로 이발할 수 없는 사람만 이발합니다)

> 모더니즘은 모던화라는 특수한 과정에 의해 만들어진 포스트모던에 대한 미학적 대응으로서 불안정하게 오르락내리락하는 개념이다. … 그렇게 해야 포스트모더니즘이 변함없는 모던화에 대한 하나의 또 다른 대응인지, 아니면 이른바 '탈산업'사회 나아가 '탈자본주의' 사회의 일종을 지향하여 모던화의 본질 그 자체가 급격히 변동한 것을 포스트모더니즘을 반영하거나 그 징조를 보여 주는지 판단할 수 있을 것이다(Harvey, 1991: 137).

지난 글에서는 다시 '포스트모더니티'의 철학적 배경에 대해 좀 더 알아봤습니다.

사실 이번 글의 내용은 하비의 『포스트모더니티의 조건』 내용과 좀 겹칩니다. 왜냐하면 어차피 포스트모더니티 하면, 적어도 철학자 쪽에서는 나와야 할 사람들이 꼭 있거든요. 대충 이런 느낌으로 알아 두세요. 데카르트, 칸트, 헤겔, 마르크스, 막스 베버, 하버마스(이미 다뤘던 프랑크푸르트학파가 비판철학 1세대라면, 하버마스는 비판철학 2세대로 분류됩니다)로 이어지는 것이 하나의 '근대 프로젝트'의 흐름이었다면, 니체, 소쉬르, 푸코, 리오타르, 장 보드리야르, 라캉, 데리다로 이어지는 흐름이 포스트모더니티로 가는 길이에요.

흔히 포스트모던이라고 하면 이것 하나는 기억하세요.

세상에는 마르크스가 말한 '**계급**class'이라는 모순contradiction만 있는 것이 아니고, **인종, 계급, 성**gender이라는 모순이 있습니다. 여기서 모순이라는 말도 좀 의미심장한데, 이때의 '모순'은 앞뒤 안 맞는 그런 것이 아니고 '문제점issue' 혹은 '충돌conflict'을 의미합니다. 마르크스는 모순이라는 말에 이런 뜻을 덧씌워 버림으로써 이후에 진짜 논리적 모순과 변증법적 모순을 헷갈리게 하지요.

나중에 이 점은 과학철학자 칼 포퍼Karl Raimund Popper(1902~
1994)가 비판합니다. 자연과학자로서 칼 포퍼가 보기에는 '**모
순**'이란 극복될 수가 없는 것입니다. '이 창은 모든 방패를 뚫습
니다.'와 '이 방패는 모든 창을 막습니다.'라는 명제가 동시에 성
립할 수는 없는 거예요. 역설적이게도 모더니즘의 붕괴와 포스
트모더니즘 철학의 출발을 알리는 '비트겐슈타인'과 마르크스
주의 사상을 혹독하게 비판한 칼 포퍼는 대학의 한 강단에서 만
나 삿대질하면서 싸운 일이 있었어요. "철학적 문제는 없다"는
비트겐슈타인의 입장에 대해 칼 포퍼가 정면으로 예를 들며 반
박을 했고, 비트겐슈타인은 연탄 부지깽이를 들며 흥분해서 설
명하다가 흥분한 상태로 나가 버렸어요. 이 장면은 답이 있다는
근대성의 논리와 답이 없다는 포스트모더니즘의 논리의 대결을
상징적으로 보여 주었습니다. 이 경험은 나중에 『비트겐슈타
인은 왜?』(데이비드 에드먼즈 외, 2001)라는 책으로도 출간됩
니다.

지난번에 저는 하비 교수가 "포스트모더니즘이란 이런 것이
다!"라고 설명하려고 시도한다면서 글을 마무리 지었어요. 그
런데 이것은 처음 있는 일은 아닙니다. 대표적으로 장프랑수아
리오타르Jean-François Lyotard의 『포스트모던의 조건La Condition
Postmoderne』이라는 책이 유명합니다. 이전에 말했던 푸코 역

시 포스트모던의 대표 주자 같
은 사상가이지요. 앞서 제가 '비
트겐슈타인'을 철학에서 포스트
모던이 출발한 시기라고 말했어
요. 비트겐슈타인과 리오타르,
그리고 소쉬르는 대체로 한 범
주로 묶입니다. 주로 '언어'를 가
지고 포스트모던에 접근한 사람
들이지요. 그들 스스로가 포스
트모더니스트라기보다는, 그들

그림 16. 『포스트모더니티의 조건』을
쓴 리오타르 교수

의 언어에 대한 집요한 관심이 우리를 포스트모더니즘으로 안
내합니다.

『포스트모더니티의 조건』에서 하비 교수는 이렇게 말합니다.
"1848년 이후 오직 하나의 재현 양식만 가능하다는 생각이 무
너지기 시작하였다. 계몽사상의 범주적 확실성이 갈수록 거센
도전을 받더니 급기야 다각화된 재현 체계에 그 자리를 물려주
고 말았다"(Harvey, 1991: 49, 50). 이 두 문장이 모더니즘의 잉
태(?) 혹은 맹아를 보여 줍니다. 하비의 분석에 따르면, 확실성
에 근거한다고 믿었던 모더니티는 1848년 이후로 단일 재현 체
계를 상실하게 된 것이지요.

그런데 여기서 '재현 양식mode of representation'을 이해하지 못하면 이 문장이 통째로 이해되지 않지요. 재현이란 개념은 앞서 '보충 설명: 번역의 한계?'에서 이미 다뤘습니다. 여기에서는 근대성과 관련하여 내용을 약간 심화해 보겠습니다. 계몽주의 사상은 인간 이성의 확실성에 대한 믿음이 극도로 올라간 시대에 꽃피웠습니다. 하나의 개념이 하나의 사상event을 지칭할 수 있고, 그 고리를 연결하면 온 우주를 이해할 수 있는 틀이 만들어질 것 같다는 믿음도 있었어요. 데카르트, 칸트, 헤겔, 특히 헤겔은 관념론의 철학을 끝까지 밀어붙인 철학자이지요.

여기서 하나 주의할 점은 **철학이 무엇으로 이뤄졌느냐** 하는 것이었습니다. '언어에 대한 의심'은 근대로 가는 하나의 길이었어요. 잘 들어 보세요. 철학을 무엇으로 하지요? 언어로 합니다. 그렇다면 '언어'라는 도구가 완전히 잘못된 것이라면? 비트겐슈타인은 바로 이 점에 주목합니다. 그의 천재성이 십분 발휘된 저작 『논리철학논고Tractatus Logico-Philosophicus』는 이렇게 시작합니다. **"세상은 사물의 총체가 아니라 사실의 총체이다."** 이것이 무슨 소리인가요?

예를 들어, '사과'라는 단어를 떠올려 보지요. 둥그렇고 맛있는 어떤 '물체'예요. 우리는 사과가 언어를 가리킨다고 생각합니다. 하지만 우리가 알고 있는 어떤 특정한 사과가 과연 직접 사과라는 단어를 가리킬까요? 사과 중에는 어떤 빨간 사과, 초록 사과, 약간 누르스름한 사과가 있어요. 이것들은 그냥 '사과'라는 단어로 바뀌어 버리지요. 정확히 말하자면 우리는 사과라는 개념concept을 사용하기 위해 사과라는 것을 한번 요약abstract하는 거예요. 어쩌면 우리는 '사과'라는 사물을 보고 있지만, 구체적인 하나의 '사과'를 지칭해 내진 못합니다.

신기하지 않나요? 사과라는 말을 쓰기 위해서는 '사과'라는 녀석을 한번 요약해야 한다고요(어떤 번역본에서는 요약을 '추상'이라고 쓰기도 합니다). 그런데 현실에서는 이 사과라는 말이 특정 물체를 지칭하는 것으로 쓰입니다. 그렇게 해도 별 차이가 없거든요. 그런데 철학에서 쓰는 말은 '물질', '현상', '정신', '소외' 등 어느 하나 그냥 가리킬 수 있는 것이 없어요. 이것들은 사람들이 느끼는 어떤 감정이거나, 어떤 특수한 상황이 나타내는 성질을 요약한 거예요. **철학적 개념은 추상을 피할 수가 없어요.** 그래서 비트겐슈타인은 언어를 크게 두 가지로 나눕니다.

이 사고는 나중에 소쉬르Saussure의 구조주의 철학으로 이어집니다. 철학의 언어를 '랑그Langue', 일상생활의 언어를 '파롤Parole'이라고 부릅니다.

1. 일상생활 언어(파롤Parole): 현실: (단어, '사과'라는 단어) − 가리키다represent → (물체, 특정 물체)

2. 철학의 언어(랑그Langue): (단어, '사과'라는 단어) – 요약하
   다abstract → (물체, 특정 물체) → 가리키다represent → (아
   이디어idea

일상생활에서 언어는 충분히 제 역할을 할 수 있습니다. 그러
나 철학이 논리를 통해 뭔가를 설명하려면 동어반복tautology에
빠진다는 것이 비트겐슈타인의 주장입니다. 비트겐슈타인은
말합니다. 논리로 해서 우리가 얻을 수 있는 결론은 '비가 오거
나 비가 오지 않거나 둘 중 하나이다'. 우리는 이 말을 이해할 수
있습니다. 하지만 이 말이 우리 지식에 뭔가 새로운 정보를 주
지는 못합니다. 비트겐슈타인은 철학적 언어가 논리적 일관성
을 얻는 데 실패한다고 말합니다. 그리고 철학적 문제란 문법적
오류에 불과하다고 선언하기에 이릅니다. 과감하지요?

여기에는 특별한 문제가 하나 더 있어요. 바로 '나'에 관한 문
제예요. '나'를 추상하는 것이 가능할까요? '나(I)'란 무엇일까
요?

3. 나(라는 단어) → 나(라는 어떤 특정 캐릭터) → 나(라는 개
   념)

이 3개가 일치해야 하는 상황이 생겨납니다. 타인을 대할 때
논리학은 그럴듯했습니다. 예를 들어, 삼단논법으로 우리는 '연
역적 추론'을 할 수 있습니다. '인간은 모두 죽는다'는 사실만 알

면, 소크라테스도 죽고 플라톤도 죽는다는 사실을 연역해 낼 수 있어요. 이번에는 다음과 같은 원칙이 주어져 있다고 생각해 봅시다.

'나는 스스로 이발할 수 없는 사람만 이발한다.'

자, 지금까지 배운 바로는 철학적 개념이 존재하려면 어떠한 말이 어떠한 개념을 '지칭represent'하는 것이 성립해야 합니다. 여러분, 이것은 철학에서만 발생하는 문제가 아니에요. 인생 모든 문제에서 발생합니다. 예를 들어, 여러분이 지금 쉬고 있는 집이나 학교를 떠올려 보세요. 그것은 무엇을 '재현represent'하지요? 어떤 건축가의 '아이디어'에서 왔지요? '아이디어'는 '설계도'가 됩니다. 그리고 그 설계도를 따라 만든 것이 지금 여러분이 있는 집이에요. 여러분이 앉아 있는 의자는 어떻고요? 그래서 세상은 이런 '지칭' 관계가 어떻게 연결되어 있는지 떠올려 보는 것이 필요합니다. 이것이 사실 하비 교수나 마르크스가 주장하는 '변증법적' 사고의 일환이기도 하지요. **하나는 다른 모든 것과 연결되어 있다는 사고예요.** 이미 다뤘듯이, 이것은 민주주의의 문제이기도 합니다. 현대 민주주의의 많은 문제는 간접 민주주의의 문제가 아니겠어요? 즉 **'어떤 정치인이 어떻게 내 의견을 표상representation(대의, 대표, 재현)할 것인가?'**의 문제예요.

자, 잠깐 옆길로 샜는데, 다시 돌아와 봅시다. 위 문장에서 '나'는 '나'를 이발할 수 있나요, 없나요? 여기에서는 두 가지 '나'가 있습니다. 하나는 '스스로 이발할 수 없는 사람'으로서의 '나'가 있어요. 그리고 '그런 사람만 이발하는 나'가 있어요. 내가 다른 사람을 지칭할 때는 지칭represent이 가능합니다. 그런데 '나'를 이발한다면? 이때 나는 '스스로 이발할 수 있는 사람'일까요, 아니면 '스스로 이발할 수 없는 사람'일까요? 만약 이발할 수 있다면, 나를 이발할 수 없습니다. 이발할 수 없으면 이발해야 합니다. 아이고 두야! 도대체 뭐야?

논리학의 지칭 공식은 여기에서 '모순'이 생겨 버리는 거예요. 남을 향해서는 잘 작동하는 것처럼 보였던 논리학이 풀 수 없는 모순에 빠져 버리는 것입니다. 이것이 바로 '러셀의 역설'입니다. 실제로 비트겐슈타인의 스승이었던 버트런드 러셀Bertrand Russell은 원래 수학자였는데, 이 지점에서 앞뒤가 막혔다고 생각합니다. 그리고 그는 수학에서 철학으로 전공을 바꿉니다. 나중에 버트런드 러셀의 『서양철학사』는 서양 철학을 집대성한 최고의 저작 중 하나로 기록됩니다. 이후에 버트런드 러셀은 노벨 문학상을 수상합니다.

근대가 설정해 놓은 지칭 공식은 언어를 기반으로 하고 있으며, 이 언어가 깨지면 논리가 깨지고, 논리가 깨지면 철학이 성립할 수 없다는 것은 포스트모던의 아주 중요한 밑바탕입니다. '언어'를 조금만 더 확장해 볼까요? 언어를 조금 더 확장하면 '기호code'가 됩니다. 나중에 지리학 공부할 분들은 기호화된 지식codified knowledge과 기호화되지 않은 지식uncodified knowledge을 배우지요? 기호의 핵심은 '기표signifiant(시니피앙)'와 '기의signifié(시니피에)'입니다. 껍데기가 기표라면, 그 내용물은 기의가 되는 거예요. 이 용어는 나중에 포스트모더니즘 철학에서 매우 자주 나오니 이해해 두면 도움이 됩니다.

이 사고는 다음에 리오타르의 포스트모던 정의와 소쉬르의 구조주의를 이루는 뼈대가 됩니다. 리오타르는 비트겐슈타인의 언어게임 이론을 발전시켜 포스트모던의 사고를 정리하는 데 도움을 줍니다.

이 사고는 플라톤의 '관념론idealism'도 깨 버립니다. 아이디어가 개념이 되고, 개념이 언어가 되는 연결고리가 의심받기 시작한 거예요. 한마디로 아무도 믿을 사람이 없고, 무엇도 무엇을 지칭하는지 알 수 없게 되어 버린 것이 바로 '포스트모던'이 처한 상황입니다.

포스트모던이란 과연 무엇일까요? 그것은 정의되거나, 혹은 정리될 수나 있는 것일까요? 일부 과학주의 지식인들은 포스트모더니즘을 신랄하게 비판하는 수준을 넘어 비난하고 조롱하기에 이릅니다. 왜냐하면 포스트모던이라는 말 자체가 너무 다양한 아이디어를 담고 있기 때문에, 이것이 '탈근대'인지, '근대의 후반'인지, '탈자본주의'인지 헷갈리는 지점에 이르게 됩니다. 심지어 일부 지식인들은 포스트모더니즘을 '유사과학pseudoscience', 즉 학문도 아니라고 비판합니다.

하비는 이것을 '설명'하겠다고 나온 거예요. 이러한 시도는 다시 강조하지만, 다소 과감합니다. 포스트모더니즘이라는 것을 포괄하는 것만으로도 일이지만, 이것을 '설명'해 내겠다고 한 것은 대단한 도전이었어요. 하비는 포스트모더니즘을 이해하기 위해 뜬금없이 마르크스의 이론이 아니라 '조절이론regulation theory'을 가져오기 시작합니다. 도대체 왜 그랬을까요? 그리고 조절이론은 또 무엇이지요?

사다리 걷어차기: 하비 교수는 왜 조절이론을 차용했는가?

나는 '조절학파'라고 알려진 특정한 학문 유파의 언어들을 끌어 쓰고자 한다. … 이러한 유형의 언어는 '발견적 장치'로서 쓸모가 있다(Harvey, 1991: 163-164).

앞서 하비가 조절이론을 차용하고 있다는 점을 이야기했어요. 이번에는 이론이란 무엇인지 간략히 이야기한 다음, 종속이론, 조절이론 등을 잠깐 짚어 보고, 하비 교수가 왜 자신의 책에서 정통 마르크스의 용어가 아닌 조절이론의 언어를 구사했는지 알아보려고 합니다.

먼저 이론이란 무엇일까, 잠깐 생각해 봅시다. 사실 이 내용은 데이비드 하비가 『지리학에서의 설명』에서 구구절절이 쓰고 있는 내용이기도 합니다. 첫 저작을 통해 그는 지리학에서 그동안 '이론'이라는 것이 어떤 취급을 받아 왔고, 앞으로는 어떻게 이론을 구축해야 하는지 설명합니다. 이론은 여러분이 잘 알고 있듯이 theory라는 것입니다. 논문에서 theorize라는 단어도 종

종 사용되는데, '이론화'한다고 번역됩니다.

그럼 이론이란 무엇일까요? 이론은 **무엇인가를 설명하기 위한 도구**입니다. 설명explanation이라는 것은 우리가 이해under-standing하기 위한 것이지요. 예를 들어, "나 왜 이렇게 가난하지?" 이렇게 물어봤을 때 많은 사람들은 여러 이야기를 할 수 있습니다. "부모님이 가난해서 그래." 아니면 "네가 노력을 안 해서 그래." 혹은 "자본주의 사회는 가난한 사람을 남겨 둬야만 하는 구조를 가지고 있어서 그래."라고 말하는 격입니다. 그래서 미국 드라마에서 누가 얼토당토않은 소리를 하면, 한 인물이 한심하게 생각하면서 이렇게 말합니다.

Is this your theory?(그게 너의 이론이니?)

느낌이 좀 다르지요. 한국에서 '이론'이라고 하면 뭔가 어려울 것 같고 심각한 것 같은데, '이론'이란 여러분이 어떤 현상을 이해하기 위한 **도구**일 뿐입니다. 사실 모든 이론은 가설hypothesis과 같습니다. 그리고 어떤 일련의 검증test을 거치면 '탄탄한ro-bust' 도구로 인정되는 것이지요. 그것이 통계statistics 수치figure를 가지고 있다면 훨씬 더 괜찮은 이야기라고도 판단될 것입니다. 사실 학문에서 이론이라는 말을 많이 쓰지만, 이론은 서사narrative 혹은 이야기story와도 닮아 있어요. 하지만 학문에서는 사실과 정확한 인과관계causal relationship에 근거한 이야기를 추구한다는 점에서 픽션fiction과는 다르지요. 그런데 학문 역시 픽션을 차용하여 설명을 시도합니다.

이야기 하면 무엇이 떠오르나요? 신화myth라는 것이 있어요. 신화는 과거에 사람들이 세상을 이해하는 방식이었지요. "엄마, 왜 비가 이렇게 많이 와요?", "산신령이 화나셨나 봐." 이렇게 생각할 수 있습니다. 앞서 근대modernity의 과학적 출발점이 뉴턴이라고 했던 말 기억나시나요? 뉴턴은 '운동 법칙'을 통해 세상을 설명합니다. 이제 운동은 f=ma라는 간단한 공식으로 정의될 수가 있는 것이지요. 이것은 나한테만 혹은 당신에게만 적용되는 것이 아니라 우리 모두, 나아가 만물 모두에 적용됩니다. 그래서 우리는 이것을 이론theory이 아니라 운동의 법칙laws of motion이라고 부릅니다. 이제 뉴턴의 운동 법칙은 '이론'이 아니라 법칙laws의 지위를 획득한 거예요.

(신화) ― (이론) ― (법칙)

이런 순서대로 학문이 발전하는 것이지요. 그래서 학자들은 자신이 세상 만물을 설명하고 싶은 욕심에 빠집니다. 어떤 사람은 심지어 이렇게 말합니다. "내 이론은 세상 모든 것을 다 설명할 수 있어." 참으로 여러 시도가 있었어요. 사회생태론자는 사회라는 것은 하나의 유기체organization라는 말을 사용합니다. 지금도 "우리 조직organization에는 필요한 사람이 있어."라는 표현을 쓰잖아요. 이런 표현에서 쓰는 organ이 바로 장기, 즉 우리 몸의 간, 콩팥, 위 등을 표현할 때 쓰는 바로 그 단어예요.

경제학도 예외는 아니었어요. 혹시 프랑수아 케네François Quesnay(1694~1774, 프랑스의 경제학자이자 의사)의 경제표 Tableau économique라고 들어 보셨나요? 경제학에서는 경제를 신체에 비유하여 경제표를 작성합니다. 또한 케네는 애덤 스미스와 같이 자유방임주의이자 중농주의 학파의 시조 중 한 사람입니다. 중농주의는 나중에 중상주의 경제학과 대립하면서 근대 경제학을 탄생시키는 데 일조합니다. 우리가 이미 다뤘던 '노동가치론labor value theory' 기억하시나요? 바로 노동가치론이 중농주의에서 왔어요. 중농주의는 '농업'에서 어떤 가치value가 생산되고, 생산production은 노동labor에서 왔다고 여기는 사고입니다. 그리고 이 생각은 리카도, 마르크스까지 이어집니다.

이 글에서 경제학사에 대해 본격적으로 다루려 하는 것은 아닙니다. 다만 이론의 전개를 보면 '단어'와 '개념concept'들을 만나게 된다는 사실을 유념할 필요가 있어요. 단어와 개념은 이론을 만드는 재료들입니다. 거꾸로 말하면, 이론은 개념으로 이뤄져 있지요. 학자들은 자신의 생각을 어떠한 개념으로 만들고, 그 개념은 설명을 하기 위한 도구가 됩니다.

마르크스는 노동, 가치, 소외, 생산관계, 생산력, 물신화fetishism(사람이 만든 대상에 마치 인간적인 속성이나 힘이 있는 것처럼 인식하는 현상, '사물화'라고도 번역합니다) 등의 개념을 사용했어요. 그런데 사회가 발전하면서 마르크스의 용어로는 설명되지 않는 부분이 생겨나기 시작한 거예요. 예를 들어, 『포스트모더니티의 조건』에서 하비 교수는 "포디즘에서 유연적 축적 체제flexible accumulation system로의 전환"이라는 표현을 사용합니다. 마르크스 용어로만 그대로 설명하긴 어렵습니다. 마르크스는 불행히도 '포드Ford'의 탄생을 보지 못했거든요.

포드는 자동차 회사로서 대량생산의 상징과도 같은 존재였어요. 요즘 세대에게는 다소 낯설게 느껴지는 자동차 브랜드일 수 있지만, 포드는 '자동차'라는 사치품을 일반 대중이 타고 다닐 수 있게 기여한 일등공신이었지요. 그 과정에서 자본주의는 '대량생산 시스템'이라는 엄청난 무기를 가지게 되었고, 우리는 이러한 생산 방법을 포디즘Fordism이라고 부릅니다. '유연적flexible'이라는 개념은 포디즘과 그 이후 출현한 경제·문화 현상을 표현하는 말입니다. '유연적 축적 체제'는 마르크스의 축적accumulation이라는 개념과 유연 체제flexible system를 교묘하게 섞어서 만든 용어지요. 이 용어는 하비 교수의 인용구에서 본 것처럼, 프랑스 학자들을 중심으로 한 '조절이론'에서 비롯되었습니다.

조절이론은 자본주의 사회의 변화와 발전을 사회적 관계, 제도, 기술의 상호작용을 통해 설명하는 사회과학적 접근 방식입니다. 조절이론의 시조 격인 아글리에타Aglietta의 「자본주의 조절과 위기: 미국의 경험」이라는 박사논문이 조절이라는 개념의 시조새라고 할 수 있습니다. 다음으로 리피에츠Lipietz라는 이름은 하비 책에도 자주 등장하기 때문에 외워 둘 필요가 있을 것 같아요. 조절이론가들은 축적 체제, 조절 양식, 발전 양식, 위기 등의 개념으로 자본주의의 운동 방식을 설명합니다. 그리고 무엇보다도 중요한 것은 시공간의 역할을 강조했다는 거예요. 프랑스는 소위 장기간 역사를 분석하는 실증주의 학파인 아날학파Annales School의 전통이 있어서, 자본주의 분석에도 역사와 공

표 1. 아날학파와 조절이론의 주요 이론가(프랑스 국적)

아날학파	조절이론
마르크 블로크 　(Marc Bloch, 1886~1944) 뤼시앵 페브르 　(Lucien Febvre, 1878~1956) 페르낭 브로델 　(Fernand Braudel, 1902~1985) 에마뉘엘 르루아 라뒤리 　(Emmanuel Le Roy Ladurie, 　1929~2023) 자크 르고프 　(Jacques Le Goff, 1924~2014)	미셸 아글리에타 　(Michel Aglietta, 1938~) 로베르 부아예 　(Robert Boyer, 1943~) 알랭 리피에츠 　(Alain Lipietz, 1947~)

가의 역할을 중요하게 다뤘습니다. 참고로 프랑스 아날학파와 조절이론의 주요 조절이론가들은 〈표 1〉과 같습니다. 열거하고 보니 아날학파가 훨씬 깊고 오래된 조류라는 느낌이 물씬 드는군요.

하비 교수는 매우 전략적으로 조절이론을 자신의 논지를 펼치기 위한 중간 개념으로 선택합니다. 그리고 단번에 1973년 자본주의의 변화 과정을 "포디즘에서 유연적 축적 체제로의 전환"이라고 규정짓지요. 하비 교수가 『포스트모더니티의 조건』을 썼을 당시에 이미 레이건과 대처 등 신보수주의neo-conservatism를 본 상태였어요. 그러므로 하비의 도식은 다음과 같이 성립됩니다.

(포디즘) — (1973) — (유연적 축적 체제)

(모더니즘) — (1973) — (포스트모더니즘)

그러니까 포스트모더니즘의 등장 혹은 발전은 유연적 축적 체제의 등장과 궤를 같이한다는 결론에 이르게 되는 것이지요. 사실 하비 교수가 이런 전략을 선택한 것은 마르크스의 개념이 현대 경제의 시공간적 변화를 제대로 설명해 줄 수 없었기 때문입니다. 그리고 나중에 다시 한 번 다룰 '시공간 압축time-space compression'과 공간적 조정이라는 개념을 만드는 중간 사다리ladder로 사용하게 됩니다.

조절학파의 언어가 차선책으로나마 채택될 수 있는 것은 그것이 가진 실용적인 지향성 때문이라고 여겨진다. 조절학파에서는 이행의 메커니즘과 그 논리를 세밀히 이해하고자 하는 노력들을 거의 또는 전혀 발견할 수 없다(Harvey, 1991: 225).

그러고 나서 하비 교수는 조절학파가 자본주의 본체를 분석하지 못한다고 통렬하게 비판합니다. 사다리 걷어차라고 할까요? 이미 자신이 원하는 설명을 달성했으니, 조절이론의 소명은 다했다고 보아야겠지요? 지금도 조절이론이 자본주의의 모든 것을 다 설명할 수 있다고 생각하는 사람은 없을 것입니다. 그리고 곧바로 마르크스를 언급합니다. 자본주의 본질은 역시 마르크스가 제대로 분석했다는 것이지요.

마르크스의 이론은 자본주의를 제대로 설명할 수 있을까요? 물론 하비는 '금융자본financial capital', '소비 기금', '가짜 자본 fictitious capital' 정도의 마르크스 개념을 동원하여 힘겹게 금융과 지리의 연관성을 연구합니다. 그러나 이것은 주택저당증권MBS 과 같은 간단한 상품부터 신용부도스와프CDS, 부채담보부증권 CDO, 합성CDO 등 복잡하고 다양해진 현대 금융시장을 마르크스 용어로 다 설명해 내기에는 역부족이에요. 물론 하비 교수가 이 책을 쓸 때에는 주택금융 파생상품이 지금처럼 복잡하게 진화하지 않았던 때이기는 합니다. 하비는 금융시장의 성장과 중요성을 언급하면서도 '가짜 자본'과 '금융자본'이라는 개념을 동원할 수밖에 없는 것이지요. 하비 교수의 다음 인용구는 금융자본의 이해에 대해 그의 생각이 더 정교해지지 못함을 보여 준다고 저는 생각합니다.

산업자본 및 상업자본, 토지자본이 금융 기능과 그 구조 속에 점차 통합되어 상업적 이해와 산업적 이해가 어디서 시작되고 엄격한 의미의 금융적 이해가 어디서 끝나는지 구별하기가 점점 더 어려워진다(Harvey, 1991: 209).

게다가 현대 경제학은 엄밀한 수학적 증명이 뒷받침되어 탄탄하게 발전해 온 반면(금융의 경우 옵션가격 책정 이론, 포트폴리오 이론, 파생상품 가격 책정 이론 등을 예로 들 수 있습니다), 마르크스의 이론은 수학적 뒷받침이 현대 경제학만큼 철저하지는 못합니다. 물론 마르크스주의를 수학적 분석으로 증명하고 싶어 하는 학자들도 존재합니다. 그러나 그들은 경제학 주류를 차지하지는 못했습니다. 그렇기 때문에 마르크스주의는 새로운 '개념'에 설명을 의존할 수밖에 없는 난점이 생기는 것이지요. 그리고 '개념'으로 이뤄진 이론은 이미 우리가 다룬 것처럼 '포스트모더니즘'의 공격에 무방비로 노출될 수 있습니다.

하비 교수가 조절이론의 언어를 '빌려서' 자본주의 시스템을 분석한 것은 앞 인용구처럼 '실용성' 때문이라고 합니다. 하비는 의외로(?) 실용적인 구석이 있어요. 사람들의 반대에도 불구하고, 또 가끔 이상한 사람이라는 취급을 받으면서도, 그는 마르크스가 유용하다고 생각해서 연구하기 시작했다고 합니다. 이것은 꽤 쿨한 사고방식이에요.

케인스가 위대한 경제학자라는 것은 누구나 압니다. 그런데 1970년대 이후의 경제 상황은 케인스 이론을 반증할 정도의 위기였어요. 재정 사업으로 인한 유효수요 창출은 1960년대 전후 호황 경제에서는 그나마 작동하는 줄 알았지만, 1968년의 사회 문제, 그 이후에 펼쳐지는 석유파동, 그로 인한 스태그플레이션을 설명하지는 못했습니다. 물론 경제학이 발전하면서 케인스 이론이 보완되고, 스태그플레이션을 설명할 수 있는 툴도 만들어집니다. 그러나 케인스적 처방이 만병통치약이 아니라는 것은 우리 모두 알고 있었어요.

이제 이론이 설명해 줘야 하는 것은 그다음 부분이었지요. 그럼 이제 자본주의는 어떤 모습을 띠어야 하지? 계속 이 시스템을 가져가도 되는 것일까? 이런 질문들이 있고, 마르크스를 따르는 사람들은 주로 이 질문에 대해 회의적인 편이지요. 데이비드 하비는 자신의 사상이 '공산주의', '사회주의', '마르크시스트' 등으로 불리기보다 반(反)자본주의anti-capitalism로 읽혀야 한다고 말한 바 있어요. 한국에서는 『자본주의는 당연하지 않다』라는 제목으로 번역되었는데, 『반자본주의 연대기Anti-Capitalist Chronicles』라는 책을 쓰기도 했지요(Harvey, 2011). 그의 주장은 자본주의의 대체물을 찾아야 한다는 것입니다. 왜냐하면 자본주의는 믿을 수 없을 만큼 불안정하고, 위기를 공간적으로 전이시키면서 문제를 해결하는 버릇이 있는 체제이기 때문이지요. 하지만 그것이 마르크스가 이야기하는 공산주의 사회는 될 수 없을 것 같지만, 대안을 찾으려는 노력은 현재진행형인 셈입니다.

여러분은 어떻게 생각하시나요? 저는 하비의 실용성을 좋아합니다. 하지만 이론의 실천적 기능에 대해 생각해 봅시다. 자본주의의 '역동성dynamics' 혹은 '동학'을 이러저러한 이론이 설명해 주는 것은 맞습니다. 마르크스도 그 일부를 설명할 수 있을 것이고, 조절이론가도 일부 설명해 낼 수 있었을 거예요. 그중 '본질'이 있다고 생각하는 편에 가까운 사람들은 '마르크스가 자본주의의 본질'을 가장 잘 설명했다고 생각합니다. 그런데 과연 '본질'이 있기는 한 것일까요? 그리고 있다면 마르크스가 가장 잘 설명한 것이 맞을까요? 여기에 대해서는 각자 생각이 다를 수밖에 없겠지요?

　요약하자면, 하비 교수는 조절이론의 '이론'의 일부를 차용해 『포스트모더니티의 조건』의 논리를 만들어 냈어요. 일종의 '이론적 실용성'이라고나 할까요? 하지만 하비 교수에 따르면 조절이론은 자본주의 안에 내재된 기본 모순을 밝혀내는 데에는 역부족이었다고 합니다. 다시 마르크스로 돌아가자는 것이지요. 조절이론의 일부를 가져와『포스트모더니티의 조건』의 논지를 만들어 낸 것은 흥미진진했습니다. 하지만 마르크스의 공산주의를 '대안'으로 내세우지는 못했어요. 역설적이게도 역부족이었다고 합니다.『포스트모더니티의 조건』이 나온 직후부터 공산권은 급격히 몰락하면서 냉전 체제가 붕괴되기에 이릅니다. 이제 사실상 체제 경쟁은 사라지고 자본주의만 유일한 경주마로 남게 된 것이지요. 이런 상황에서 '반자본주의'라는 것이 무엇을 의미할지 조금은 혼란스러울 수도 있습니다. 하지만 자본주의는 완전하지 않기 때문에 어떻게 체제를 개량할 수 있을지는 항상 생각해 볼 필요가 있겠지요.

데이비드 하비가 파리를 연구하기로 작정한 이유

르코르뷔지에와 같은 계획가와 건축가, 혹은 오스만과 같은 행
정가가 직선투성이의 건조환경을 만들면 우리는 일상적 실천
을 그러한 건조환경에 적응시켜야 한다(Harvey, 1991: 253).

앞선 글에서 우리는 하비 교수가 왜 **조절이론**를 차용했는지
를 알아봤어요. 요약하자면, 하비 교수는 마르크스주의자이지
만, 자신의 주장("포스트모더니티는 유연적 축적 체제의 산물")
을 관철시키기 위해 '조절이론'이라는 이론 체계의 언어들(예를
들면, 포디즘, 주변부 포디즘, 유연적 축적 체제)을 사용했다는

것이었어요. 그 태도는 매우 실용적이었으며, 하비 교수가 마르크스를 선택한 이유 중 하나는 그가 지식에 대해 매우 실용적인 태도를 가지고 있었기 때문이란 요지였습니다.

생각해 보니 아글리에타를 비롯하여, 조절이론도 프랑스 학자들이 주도한 학파네요. 르페브르도 그렇고, 하비 교수의 프랑스 사랑!

이번에는 조금 주변적인 이야기로부터 출발해 볼까 합니다. 먼저 번역가들에 따르면, 『포스트모더니티의 조건』 한국어판은 1994년에 출간되었어요. 제가 이 책을 처음 산 해는 2001년 이었던 것으로 기억합니다. 그때가 대학교 2학년이었는데, 이 책을 추천받고는, "마르크스주의자가 왜 '포스트모더니티'에 대해 썼지?"라는 의문을 가졌던 것이 선명하게 기억납니다. 지금 이 책의 한국어판은 품절되었지만, 확인해 보니 제가 가진 판본이 4쇄네요. 그렇다면 판매량을 짐작해 볼 수 있는데, 한국에서도 제법 많은 사람들이 이 책을 산 것 같아요. 그중에 몇 퍼센트나 살아남았을지는 잘 모르겠습니다.

한국에서 왜 이렇게 어려운 문화비평서(솔직히 철학서나 이론서는 아니지요)가 이처럼 많이 팔렸는지 생각해 봤습니다. 먼저 예전에는 지금과 달리 사람들이 책을 엄청 많이 읽던 시대였어요. 책 한 권이 히트했다 하면 10만 권, 20만 권이 팔리는 경우도 흔했지요. 그래서 4쇄면 또 그렇게 많이 팔렸다고는 볼 수 없는데(최종 판매량은 모르지만), 어쨌든 어느 정도 사람들의 이목을 끌었던 것은 확실합니다. 그런데 이 책은 정말 난이도가 높은 책이에요. 붙잡고 읽어 내려가기가 정말 쉽지 않은 책입니다. 그 이유는 이미 여러 번 언급했지요. 사람들은 당시 뭔가 '갈망'이 있었던 것 같아요. 그것이 무엇이었을까요?

1994년, 이 시점은 김영삼 대통령의 문민정부가 수립된 직후이기도 합니다. 여기에 '문민'이라는 말이 의미하는 것은 '군인이 아닌'이라는 것이었지요. 말하자면 군부독재가 사실상 완전히 마무리되는 시점이었습니다. 정확하게 말하면 '군사'와 '독재'가 언제 어떻게 끝났는지는 많은 논란이 있겠지만, **김영삼 전 대통령이 영화 '서울의 봄'의 주도 세력이었던 '하나회'를 척결한 시점부터는 사실상 군부 쿠데타가 일어날 가능성이 없어졌어요.**

시간을 좀 더 돌려 **노태우 정부 시절에는 지금은 상상하기도 어려울 만큼 많은 시위가 일어났어요.** 제가 학교 다닐 때에도 5월이 되면 최루탄 연기 때문에 재채기를 끊임없이 했던 기억이 선합니다. 그때 저는 최루탄 냄새가 너무 싫어서 시위하는 학생들을 탓했어요. 어른들도, "학생이 공부는 안 하고 왜 시위를 하느냐" 하기도 했지요. 물론 '민주화'라는 거대한 명분이 있기는 했지만, 소위 '문민'정부가 들어선 이후부터는 '민주화'라는 명목 역시 일반인들이 보기에는 없어진 것이었어요. 그래서 아직까지 남아 시위를 하는 사람은 소위 '친북' 세력, 즉 북한과 뭔가 연관이 있다는 프레임이 형성되었습니다. 이런 프레임은 그전에도 있었지만, 이제 사람들은 '민주화되었다'고 느끼기 시작했고, 학생운동은 눈에 띄게 줄어들었습니다. 하지만 지금 관점에서 보면 여전히 전국은 시위로 뜨거웠어요.

2017년 박근혜 전 대통령의 국정농단 의혹으로 시작된 촛불시위를 떠올려 보세요. 전 세계 외신들이 한국의 촛불집회 문화를 보고 시민의식에 놀랐습니다. 이것은 한국이 그만큼 시위가 많았던 것의 방증이기도 합니다. 시위가 너무나도 많다 보니, 합법적으로 서로 문제가 되지 않게 시위를 하는 방법을 찾는 것이지요. 예를 들어, 시위를 하면 몇 가지 특이한 일들이 생깁니다. 사람들이 일시적으로 특정 공간에 '모이다' 보니 일단 시끄럽지요. 주변 주민이나 상인들은 소음에 시달립니다. 그리고 시위대가 왔다 가면 엄청난 양의 쓰레기가 쏟아집니다. 누군가는 그것을 치워야겠지요. 그리고 시위대도 밥을 먹어야 하다 보니, 사람들이 모인 일부 지역에서는 식당이나 상점, 특히 편의점이 대박이 날 수도 있습니다. 사람들이 모이고 흩어지면서 매우 특이한 외부효과가 일어나는 것입니다.

우리나라는 유구한(?) 시위의 문화가 있다 보니, 어느 순간 시위도 질서정연해야 한다는 인식이 자리 잡기 시작합니다. 시위대가 지나갈 때 생기는 부정적 외부효과를 최대한 막아야 하기 때문이지요. 시위를 하고 나서 시민들이 시위대를 싫어하게 된다면 시위한 목적이 없지 않겠어요? 그래서 한국에서는 촛불집회를 하고 나서 시민들이 알아서 청소를 하고, 거리를 정돈합니다(물론 모든 경우에 이렇게 아름답게만 끝나지는 않습니다). **'약탈', '방화'? 그런 거 절대 없어요.** 그것이 K-시위입니다. 얼마 전 서이초등학교 교사의 죽음을 추도하는 집회가 여의도에서 있었는데, 오와 열을 맞춰 질서정연한 선생님 시위가 화제가 되기도 했습니다.

시위와 공간만큼 흥미로운 주제도 없는데, 그것은 도시가 시위(혹은 봉기, 혁명)와 함께 발전해 왔기 때문이에요. 우리는 여기서 조르주외젠 오스만 남작Baron Georges-Eugène Hauss-mann(1809~1891)을 만나게 됩니다. 『자본의 한계』 서문에 '오스만'과 '뉴욕'이 한꺼번에 등장했었습니다. 『포스트모더니티의 조건』에서는 두 번 등장합니다. 도대체 무슨 일이지요? 오스만은 나폴레옹 3세(샤를 루이 나폴레옹 보나파르트 혹은 루이 나폴레옹)의 명을 받아 파리를 대개조한 사람으로 유명합니다. 예전에 고등학교 때 어떤 선생님이 파리에 다녀와서 이런 말씀을 하더군요. "프랑스에서 어떤 시장이 엄청나게 도로를 넓게 설계했다. 그때는 사람들이 욕을 했는데, 지금은 그 도로도 꽉 막혀 있다. 이렇게 도시계획을 하는 사람은 100년을 내다봐야 한다."라고요. 그때는 몰랐는데, 그 사람이 '오스만 남작'이고, 말 그대로 파리의 도시구조를 만든 사람입니다. 그 구조가 우리가 한국지리 시간에 배웠던 '방사형' 도시라는 것을 알려 줬으면 좋았을 텐데요.

오스만 남작이 대개조를 하기 전 파리는 매우 지저분하고 냄

그림 18. 개선문을 중심으로 방사형으로 뻗은 도시

새나는(그래서 '향수'가 발달했다고 하지요), 요즘으로 말하면 불량한 주거 환경의 표상representation이었다고 합니다. 파리뿐만 아니라 초기 자본주의 도시들은 지저분하기로 유명했어요. 도시는 농촌에 비해 덜 성숙하고, 사람과 도둑이 많은 이상한 장소였지요. 그뿐만 아니라 19세기 파리의 고질적인 문제는 소위 말하는 '시위'였어요. 사회 시간에 배우는 프랑스 1789년 '시민혁명(프랑스대혁명)' 이후 파리는 시위로 몸살을 앓게 되지요. 『레 미제라블』의 배경으로도 유명한 1832년 6월혁명, 1848년에는 2월혁명도 있었습니다. 1848년은 마르크스의 그 유명한 『공산당 선언』이 출간되는 시기이기도 합니다. 마르크스는 이 유명한 글로 공산주의 혁명의 씨앗을 남기고 1848년 혁명을 준비하기 위해 고향인 독일로 떠나게 되지요.

1846년에는 프랑스의 소맥 흉작으로 농민 폭동이 일어나기 시작합니다. 농가의 어려움은 인플레이션으로 인해 도시 생활의 빈곤으로 이어지고, 이와 같은 경제적 조건이 결합하여 1848년의 혁명으로 이어집니다. 1848년 이후로는 혁명의 열기가 천천히 식어 갑니다. 데이비드 하비는 『포스트모더니티의 조건』에서 프랑스보다는 영국의 '불황'에 주목합니다. 그가 보았을 때, 1848년 불황은 기존의 흉작으로 인한 불황과 질적으로 다른 자본주의적 불황이었다고 설명합니다.

저는 이 부분은 동의하기가 좀 어려운데, 1840년대는 아일랜드 대기근(1845~1852년까지 영국 아일랜드에서 발생한 감자 역병으로 인한 심각한 기근)으로 엄청나게 많은 사람이 죽었습니다. 이때 바로 유명한 **곡물법** 폐지를 시행하여 영국 정부가 구제 활동을 벌이지요. 지난번에도 언급했지만, 이것은 리카도의 차액지대론과 비교우위론이 나오게 된 계기이기도 합니다. 그리고 맬서스의 『인구론』(1798)에서 나오는 기아 사태에 대한 묘사를 상기시키는 사건이었지요.

여하간 1848년 이후 혁명의 열기가 식자, 마르크스는 결국 독일에서 혁명에 실패하고 영국으로 망명을 합니다. **데이비드 하비 역시 1848년 혁명부터 1871년 파리코뮌 탄생까지 도대체 파리에서 무슨 일이 일어난 것인지 관심을 가지기 시작하고, 추후 이 과정을 연구해 『모더니티의 수도, 파리』를 쓰게 됩니다.** 그리고 하비는 그의 글에서 자신의 저작 중 딱 두 개만 읽어야 한다면, 하나는 『자본의 한계』이고, 다른 하나는 『모더니티의 수도, 파리』라고 말합니다. 그만큼 하비 교수는 파리에 대한 애착이 남달랐던 것 같습니다. 사실 파리 자체보다는 파리가 가지고 있는 역사적 유물론의 조건에 관심이 있었던 것이겠지요.

루이 나폴레옹은 대통령령을 통해 선거권을 되돌려 놓았습니다(나쁘게). 이때 '친위 쿠데타'는 언뜻 합법적으로 보이지만 **사**

실은 정권을 장악하는 과정이었어요. 프랑스는 1832년 혁명, 1848년 혁명의 불씨가 아직 남아 있었기 때문에 여전히 언제 또 혁명이 일어나도 이상하지 않은 상황이었습니다. 마르크스는 아마 프랑스의 '시민'혁명, 즉 부르주아 혁명이 '프롤레타리아' 혁명으로 이어질 것이라고 큰 기대를 했던 것 같습니다. 그런데 이것은 마르크스의 이론으로 봐도 별로 맞지 않는 기대였어요. 왜냐하면 **변증법적 역사관에서 생산량이 증대하여 생산관계를 압도하려면 그렇게 성숙할 수 있는 시간이 필요한데, 1848년은 지금 관점에서 보면 자본주의가 꼬꼬마인 시절이었거든요.** 1848년에 부르주아 혁명이 일어나도 이상하지 않지만, 공산주의 혁명으로 프롤레타리아 독재가 일어난다는 것은 '지금 관점에서 보면' 기대하기 힘든 일이었어요. 하지만 혁명가 마르크스는 기대를 놓지 않고 혁명을 준비합니다. 공산주의 혁명이 단기간에 일어나지 않을 것을 확인하고, 마르크스는 『자본론』 집필 작업에 몰두합니다.

1850년대에 루이 나폴레옹은 오스만 남작을 파리 시장으로 임명하여 파리 대개조를 지시합니다. 도시정비 사업을 벌인 것이지요. 여기에서는 두 가지 주목할 만한 사실이 있어요. 이미 파리는 혁명의 분위기로 몸살을 앓고 있었다는 것입니다. 좁은 골목길에서 한쪽을 바리케이드로 치고 막아 버리면 그 안에 틈

새 공간이 만들어지는 거예요. 그곳은 해방구가 되어 경찰과 군대와 싸울 수 있는 기지로 활용됩니다. 대로에서는 경찰과 군대가 유리하지만, 골목으로 가면 사정이 달라집니다. **영화에서 보면 총을 든 나쁜 사람들이 쫓아올 때 주인공들이 시장이나 상점으로 들어가지요?** 그래야 숨을 수 있고, 또 때가 되면 반격을 노릴 수 있기 때문이에요. 그래서 오스만 남작은 루이 나폴레옹의 의지를 충분히 반영하여, 개선문을 중심으로 한 소위 '방사형' 도시를 만들게 됩니다. 도로는 시원시원하게 널찍이 뚫어 놓고, 개선문 가운데에 있으면 사방을 한눈에 내다볼 수 있는 시야 sight를 창출해 내지요. 이 과정에서 파리 주민들과 얼마나 많은 마찰이 있었는지는 상상에 맡기겠습니다.

지금까지 한 이야기를 조금 요약해 볼까요? 일련의 사건들은 꼬리에 꼬리를 물고 결국 파리 대개조라는 공간적 변동을 이뤄 냅니다. 공간의 철학적 의미를 탐구하는 학자에게 이보다 드라마틱한 사례가 또 있을까 싶어요. 데이비드 하비가 파리의 역사에 빠진 이유를 알 것도 같습니다.

(경제변동) → (정치변동) → (도시 건조환경)

(소맥 흉작) → (1848년 혁명) → (루이 나폴레옹 선출) → (친위 쿠데타) → (파리 대개조)

다른 한편으로 오스만 남작의 파리 대개조는 도시정비 외에도 혁명을 누그러뜨리는 기능을 가지고 있었어요. 오스만 남작의 파리 대개조는 대체로 긍정적인 평가를 받습니다. 파리는 깨끗해지고 예뻐졌어요. 그뿐만 아니라 오스만은 공원과 광장을 새로 만들었어요. 지금 우리가 아는 낭만의 도시 파리는 사실 이때 본모양을 갖춥니다.

빅토르 위고의 『레 미제라블』에서 장발장이 마리우스(코제트의 남자친구)를 들쳐 업고 하수구를 빠져나오는 장면이 있는데, 도시 대개조 이후 파리는 깨끗하게 정비되고, 무엇보다도 냄새 안 나는 도시로 재탄생한 것이지요. 데이비드 하비는 앞 인용구에서도 볼 수 있듯이, 이러한 건조환경이 만들어 내는 공간적 효과를 지적하기도 합니다. 즉 직선화된 거대한 거리는 이제 "사람들을 보다 효율적으로 통제할 수 있는 공간"으로 거듭나게 된 것입니다.

데이비드 하비는 오스만을 '모더니티의 영웅' 중 하나로(약간 비꼬는 듯한 느낌) 언급하기도 합니다. 하비 교수는 1975년에 파리로 안식년을 떠납니다. 사실 모든 마르크스주의자들에게 파리는 정말 엄청난 영감을 불러일으키는 도시가 분명합니다. 1848년 부르주아 혁명, 68혁명 등 굵직한 혁명이 일어났던 도시이기도 하고, 오스만 남작의 대개조라는 사건으로 아름답고도 질서 정연한 통치 공간을 만들어 내는 유례없는 도시이기도 하니까요.

 파리 대개조는 혁명의 공간이라는 측면에서 두 가지 특이하고도 이상한 점을 가집니다. 하나는 대규모 군중집회를 하기 좋은 도시구조가 되었다는 것이지요. 이전의 도시가 좁디좁은 골목길에서 경찰과 군대와 싸우는 것이었다면, 이제 시위대는 널찍한 곳에서 마음껏 시위를 할 수 있게 되었어요. **이런 널찍한 공간은 경찰과 군대로 하여금 '시야'를 제공합니다.** 널찍해진 도시구조는 시위대를 효과적으로 제압할 수 있는 물적 토대를 만들어 주기도 한 것이지요. 다른 하나는 파리 시민들에게 '놀 공간'을 일부러 조성해 줬다는 거예요. 이것은 데이비드 하비도 지적하고 있듯이, 오스만이 에버니저 하워드Ebenezer Howard의 '전원도시론'이란 이론을 받아들였기 때문이기도 합니다. 파리 시민들은 이제 광장과 공원 등 '놀 공간'이 생겼고, 오페라하우스에서 오페라를 보고 커피하우스에서 토론을 하면서 시간을 보내기 시작합니다. 덕분에 혁명의 열기는 수그러들고 '숙의deliberation'와 토론discuss의 문화가 생겨나기 시작했어요. 이것은 나중에 앞서 다뤘던 비판이론 2세대인 **하버마스의 의사소통 행위 이론**으로 연결되는 아주 중요한 단초가 됩니다.

 요약하자면, 하비 교수는 1975년에 파리로 안식년을 가서 그곳의 학자들과 교류하다가 파리 역사에 흠뻑 빠지고, 나중에

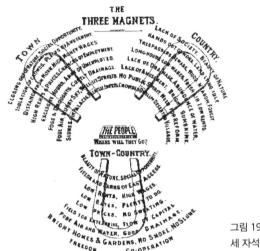

그림 19. 에버니저 하워드의
세 자석 모양의 그림

1848년 혁명부터 1871년 파리코뮌 탄생까지 무슨 일이 일어난 것인지 알아내기로 결심합니다. 이때 얻은 지식이 『포스트모더니티의 조건』 곳곳에 녹아 있어요. 1850년대에 혁명 분위기가 약해지자 루이 나폴레옹은 그 유명한 오스만 남작을 시켜 파리개조 사업을 벌이고, 개조 사업은 파리를 보다 깨끗하고 냄새나지 않게 만들었습니다. 그리고 대도시에서의 시민혁명의 양상도 바뀌었지요. 그러나 이러한 격변은 기존 파리 주민들의 축출과 저항을 담보로 한 것이었습니다.

이것은 자본주의 불황이 정치에 영향을 주고, 나아가 파리 도시 공간구조를 바꿔 버리는 아주 드라마틱한 사례이지요.

광화문광장은 서울 시장의 ○○○이다?: 공간의 변증법

지난 글에서는 하비 교수가 1848년 이후 파리에 대해 왜 흥미를 가졌고, 그 내용이 『포스트모더니티의 조건』에 어떻게 녹아 있는지 살펴보았어요. 1840년대는 아일랜드 감자역병으로 인해 대기근이 휩쓸고 간 시기였고, 부르주아지들은 인플레이션과 불황에 시달렸습니다. 이에 파리(뿐만 아니라 유럽 전역에서)에서는 시민혁명이 일어나 정권을 교체하지만, 사람들은 나폴레옹 향수병 때문인지 그 조카를 대통령에 앉힙니다. 당선된 루이 나폴레옹은 친위 쿠데타(비록 합법이라 하더라도)를 일으켜 정권을 휘어잡은 후 파리 대개조에 나서지요. 이때 등장하는 사람이 바로 '오스만 남작'이었고, 오스만은 르코르뷔지에Le Corbusier(1887~1965, 모더니즘 건축의 아버지라 불립니다)와 더불어 '근대' 도시계획의 상징 같은 인물이 되지요. 이것은 '모더니티'를 이해하는 데 매우 중요합니다.

그런 의미에서 1848년은 모더니티, 즉 근대성이라는 것이 출발하는 원년쯤 되는 격이지요. 역사는 좀 특이하게도 특정한 해에 아주 중요한 일이 한꺼번에 일어나는 경향이 있어요. 예를 들어, 우리나라의 경우 1948년에 엄청난 일들이 다 일어납니다. 이해는 제주 4·3항쟁(그로 인해 여수·순천 10·19사건도 있었지요)이 있었고, 우리나라 헌법이 제정되고 정부가 수립되는 해이기도 합니다. 한국 근현대사를 공부할 때는 어쩌면 이렇게 한 해에 중요한 일이 한꺼번에 일어났을까 생각이 들었는데, 유럽 역사를 보면 1848년 혁명이 그랬어요. 이미 설명한 프랑스의 시민혁명(2월혁명)을 비롯해, 영국의 차티스트운동(1830년대부터 1840년대까지 일어난 영국 노동자계층의 정치운동), 독일에서는 3월혁명(1848년 3월 독일 전역에서 일어난 자유주의 혁명으로, 봉건제도 폐지, 민주주의 정치체제 구축, 통일독일 국가 창립 등을 요구)이 일어났고, 이탈리아 혁명은 나중에 이탈리아라는 통일국가가 세워지는 계기가 되지요. 데이비드 하비 교수는 이 시기에 얼마나 매료되었는지, 나중에 이 시기의 파리를 다룬 책을 내는데 그 책이 바로 『모더니티의 수도, 파리』입니다.

자, 다시 『포스트모더니티의 조건』에 대해 이야기해 봅시다. 이미 우리는 『포스트모더니티의 조건』의 논지를 간략히 요약한 바 있어요. 심지어 하비 교수는 본인의 주장을 첫 페이지에 몇 개 문단으로 요약해 놓기까지 합니다.

먼저 가장 중요한 것은 1970년대라는 시기입니다. 이 시기에 대해서도 이미 여러 차례 다룬 적이 있기 때문에 넘어가겠습니다. 데이비드 하비는 1973년에 주목합니다(서문에는 1972년경부터라고 되어 있어요). 이미 언급했듯이, 1973년에 전 세계 경제에 일어난 가장 중요한 사건은 브레턴우즈 체제의 붕괴입니다. 이 사건은 통화가치를 유지하기 위해 금 1온스당 35달러에 바꿔 주기로 한 '브레턴우즈 협정'의 약속을 못 지키겠다고 미국이 선언한 사건이에요. 이로써 고정환율제에서 변동환율제로 이행하게 됩니다. 말하자면 예전에는 (금)↔(달러)라는 교환관계를 고정시켜 놓았다면, 이제는 전 세계 화폐가 순수하게 수요와 공급에 의해서만 달러와 교환될 수 있다는 것을 의미합니다. 여전히 '달러'는 전 세계의 기축통화로 남아 있게 되지요. 이 게임은 어딘가 이상합니다. 전 세계 모든 국가들은 자신들의 고유 화폐가 언제 휴지 조각이 될지 모르는 상황이에요. 오직 미국만이 달러가 필요하면 마음대로 찍어 낼 수 있는 특권이 생겨난 것과 다름이 없었어요. 여기에서 우리가 다뤘던 가치 문제가 다시 발생하게 됩니다.

　마르크스는 시장가격market value과 가치value를 구분했어요. 시장가격이란 일시적인 수요와 공급에 의해 너무 왔다 갔다 하는 변덕스러운 녀석이거든요. 이것을 전문용어로 변동성volatility이라고 합니다. 역자들은 이 단어를 '즉흥성'(Harvey, 1991, 348)이라고 번역하고 있는데, 여하간 이 단어는 시장가격이 쉽게 높아졌다 낮아졌다 하면서 예측하기 어렵다는 것을 의미합니다. 이것을 '시장가격'이라고 한다면, 마르크스는 이것과 상품의 가치를 구분해 낸 것이지요. 왜냐하면 가치는 변하지 않는 것이라고 믿었기 때문이에요.

이것은 나중에 그 유명한 '전형transformation' 논쟁으로 이어집니다. 여기에서 엄청난 쌈박질이 일어나고, 또 온갖 수학자와 경제학자가 동원되어 이 문제를 풀려고 했지만, 결론은 시장가치와 노동가치를 일관적으로 설명해 낼 방법은 없다는 것이었어요. 그래서 나중에 '주관적 효용론'이라는 것까지 등장합니다. 즉 가치란 '그 사람이 그 사물에 대해 평가하는 주관적 가치에 의해 정의된다'라는 것이지요. 그래서 많은 사람들은 결국 주관적 효용론에 근거한 효용가치론의 세계로 넘어오게 됩니다.

오늘날 경제학 교과서에서도 대체로 효용가치론을 주로 다룬다고 할 수 있습니다. 마르크스 학파에서는 '가치'와 '가격'을 완전히 다른 것으로 이해하기 때문에, 효용가치론이 노동가치론을 대체할 수 없다고 간주합니다. 하지만 결국 자본가는 시장에서 '가격'과 '수량'으로 거래하기 때문에, 이 둘의 곱인 매출이 가치보다 높은 경우에만 이득을 챙길 수 있어요. 결론적으로 둘을 완전히 분리해 버리면 자본주의의 모순이니 하는 말도 다 엉터리가 되어 버린다는 것이지요. 아니, 가격이 가치보다 낮으면, 잉여가치니 뭐니 하는 것이 없을 수도 있지 않겠어요?

아무튼 하비는 1973년을 계기로 자본주의가 한풀 꺾였다고 생각합니다. 저는 이 책이 나온 시기에 주목합니다. 이 책의 초판은 1989년에 발행되었습니다. 이 책이 나온 후 동독이 서독에 흡수통일되는 역사적인 사건이 일어났어요. 이렇게 표현하면 어떨지 모르지만, 냉전의 팽팽한 기싸움이 무너진 것입니다. 소비에트연방도 해체 수순을 밟았어요. 하비 교수가 『포스트모더니티의 조건』을 출간한 해는 (적어도 정치적으로는) 자본주의가 공산주의에 항복을 받아 낸 시기와 거의 일치합니다.

하비 교수는 중국에 관심이 많은데, 중국은 이미 '덩샤오핑' 때부터 '흑묘백묘(검은 고양이든 흰 고양이든 쥐만 잘 잡으면 된다는 실용주의)'라는 유명한 말을 통해 경제부문은 사실상 개방경제를 일부 받아들이게 됩니다. 덕분에 중국은 지금까지도 경제는 자본주의, 정치에서는 공산주의 실험을 계속하고 있지요. 중국은 지금도 완전 변동환율이 아니라 관리변동환율제를 채택하고 있습니다. 앞으로 미국과 중국이 어떤 관계를 맺을지가 세계사의 초미의 관심사이기는 합니다.

하비 교수는 1973년 이후의 자본주의 변동 시기(상투적 표현이기는 한데, 이보다 나은 표현을 찾지 못했어요)가 포디즘에서 유연적 축적으로 가는 '전환'이라고 설명합니다. 그리고 느슨하게 혹은 직접적으로 이러한 경제변동이 '포스트모더니티'라는 특수한 문화 조류를 만들었다고 주장합니다.

마르크스의 이론을 고찰하면서 하비는 "시간에 의한 공간의 소멸annihilation"(절멸 혹은 괴멸이라고 번역하기도 합니다)을 주목합니다. 그리고 그 철학적 의미에 대해서도 심층적으로 따지지요. 대략적으로 이해해 보자면, 뉴턴 시기의 절대성을 지닌 공간이 아인슈타인의 상대공간으로 진화하고, 1973년을 지나 포스트모더니티의 공간으로 진화했다는 식의 설명입니다. 방금 제가 한 요약은 너무나 과감해서, 하비 교수가 동의할지 잘 모르겠습니다. 하지만 적어도 제가 이해하기로는, 하비 교수는 공간의 의미가 그런 방식으로 진화해 온 것이라고 이해하는 것 같습니다.

하비 교수는 앙리 르페브르의 『공간의 생산La production de l'es-pace』(1974)에서 아이디어를 가져와, 공간을 '물질적 공간의 실천', '공간의 재현', '재현의 공간'이라는 세 층위로 나눕니다. 이것도 결국은 '재현representation'을 이해해야 알 수 있는 거예요. 재현의 기본틀은 위 글에서 설명한 것과 같이 〈그림 20〉과 같습니다.

이 그림은 사실 서양철학에서 엄청나게 많은 생각들과 연결되어 있고, 『포스트모더니티의 조건』을 이해하기 위해 필수적이며, 여러분이 앞으로 어떠한 글에서도 representation(재현,

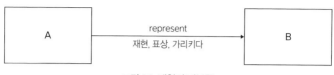

그림 20. 재현의 기본틀

표상, 대표, 대의)이라는 단어를 만났을 때 위축되지 않을 수 있
게 해 주는 그림이므로 꼭 기억했으면 좋겠어요.

앙리 르페브르나 하비는 변증법을 선호합니다. 그래서 저 그
림처럼 A가 B가 되었다가 다시 B가 A가 되고, 또 그런 B가 B
혹은 C를 낳는 사고에 아주 익숙합니다. 가장 먼저 나오는 개념
은 '물질적 공간의 실천'입니다(사회과학 책을 읽다가 실천이라
는 단어가 나오면 거의 90% 이상 practice의 번역어입니다). 실
제로 공간에서 일어나는 일들이지요. 예를 들어, 교통, 통신, 상
품거래 등의 '사건'을 말합니다. 그것을 포착하거나 '기호code'로
만들어 낸 것이 바로 '공간의 재현'입니다. 물질적 공간을 다른
곳에 **옮겨 적는** 것이지요. 즉 도시계획가가 광장을 설계한다든
지, 도심을 재개발하는 행위 등이 여기에 해당합니다. 여기까지
하면 그림에서 A와 B가 무엇인지 알겠지요?

여기서 헷갈리면 안 되는 것이, A는 껍데기예요. B가 진짜입
니다. A가 B를 의미한다A represents B고 했을 때는 A가 껍데기
이고 B가 진짜인 것처럼요. 예를 들어, "사과는 빨갛고 동그란

과일이다."라고 했을 때, 뒤에 나오는 말이 진짜 속내용인 것입니다. 또 "정치인은 민의를 대변한다Politician represents people's opinion."라고 할 때, 진짜는 '민의'이지, '정치인'이 아닙니다. 그러므로 여기에서 '물질적 공간의 실천'은 A가 아니라 B가 됩니다. '공간의 재현'은 물질적 공간을 추상적 공간으로 옮겨 놓는 행위를 의미합니다.

르페브르와 하비는 여기서 한걸음 더 나아가 C를 만들어 냅니다. 즉 공간도 무엇인가를 represent, 즉 재현한다는 것이지요. 그래서 '재현의 공간'이 만들어지는 거예요. 물질적 공간의 실천은 공간의 재현으로 이어지고, 공간의 재현은 다시 재현의 공간을 만들어 냅니다. 이 삼각관계는 계속 빙빙빙 돌면서 서로 영향을 미치게 됩니다. 재현의 공간의 사례를 들어 보자면, 사람들이 자발적으로 만들어 낸 공간입니다. 즉 사람들이 자신의 의사를 표시represent하기 위해 선택한 공간이지요. 사람들이 자발적으로 기념하고서 선택하는 공간을 의미합니다. 그런 점에서 도시계획가의 설계design가 '공간의 재현'이라면, 시민들의 자발적 커뮤니티 형성이 '재현의 공간'이 되는 셈입니다. 예를 들어, **광화문광장이 서울 시장의 입장에서 봤을 때는 공간의 재현이 된다면, 촛불집회하는 시민의 입장에서 봤을 때는 재현의 공간이 되는 것이지요.**

하비가 앙리 르페브르의 공간생산론을 변화, 발전시킴으로써 (Harvey, 1991: 270) 앞으로 지리학자들이 공간에 대해 참고할 만한 프레임워크를 만들어 낸 셈입니다. 간략하게 설명했지만, 이 과정을 설득시키기 위해 하비 교수는 당연하게도 르페브르뿐만 아니라 하이데거, 니체, 하버마스, 바슐라르, 부르디외, 대니얼 벨 등 수많은 학자들을 동원합니다. 존재being와 생성

그림 21. 공간의 재현 또는 재현의 공간

becoming이라는 하이데거의 용어도 동원됩니다. 고등학교 때 저는 하이데거를 나치에 협력한 철학자라고 기억하고 있었는데, 그 부분도 살짝 언급되어 있습니다.

이러한 공간 구분법은 개인적으로 정교한 틀은 아니지만, 활용할 만한 틀이라고 생각합니다. 저는 모더니즘과 자본주의에 찌든 뇌를 가지고 사는 사람이기 때문에, '단선적'이고 '직선적'인 것을 선호합니다. '단순한 것이 진리'라는 '오컴의 면도날 Ockham's Razor'을 신봉하며, 백 마디 말보다 한 마디 수식이 낫다고 생각합니다. 만약 "신은 주사위놀이를 하지 않는다"는 아인슈타인과 확률론으로 양자역학의 새 문을 열어젖힌 하이젠베르크 중 한 명과 친구를 하라고 한다면, 저는 아인슈타인과 친구가 될 확률이 높은 사람일 것 같습니다.

여전히 『포스트모더니티의 조건』에는 문제가 남아 있습니다. 단순하게 설명하자면 이런 거예요. 포스트모더니티란 (숱한 조롱에도 불구하고) 결국 주류에 대한 저항입니다. 혹자는 20세기를 이해하기 위한 키워드로 인종race, 계급class, 성gender이라고 말합니다. 개인 사생활을 들추기는 좀 그렇지만, 계급 평등을 주창했던 마르크스는 매우 가난했음에도 불구하고 집에 하녀가 있었고, 그 하녀와의 사이에 혼외자가 있었어요. 그의 사상은 '계급'에 초점이 있었지만, 신체, 젠더, 인종 등의 문제는 여전히 맹점을 안고 있다는 비판이 있지요. 하지만 나중에 하비는 『희망의 공간Space of Hope』(2000)에서 마르크스적 사고를 확장하면 신체(포스트모더니즘에서 정말 중요한 화두지요)의 문제를 해석할 수 있다고 주장합니다. 또한 마르크스주의는 나중에 페미니즘과 결합하기도 합니다. 따라서 마르크스주의가 꼭 인종, 성 문제를 다루지 않았다고 보긴 어렵지만, 적어도 마르크스의 주된 관심사가 아니었던 것은 맞습니다.

어떤 사람은 자신이 동성애자인 것이 인생의 가장 중요한 숙제입니다. 어떤 사람은 전쟁 난민으로 태어나 망명 생활을 해야 하기도 합니다. 어떤 사람은 어렸을 적 상처 때문에 평생 괴로워하면서 살아갑니다. 세상에는 정말 많은 사람들이 각자의 고민을 안고 살아갑니다. **포스트모더니즘은 어쩌면, "각자 인생이 다른 거야."라는 말을 빙빙 돌려 가면서 하는 것인지도 모릅니다.** 저는 포스트모더니스트가 아니지만, 만약 포스트모더니스트라면(이런 말이 말이나 되는지 모르겠습니다만), '포스트모더니티'라는 말 자체가 틀렸다고 말할 것 같습니다. 각자 다름을 찾자는 것이 '포스트모더니즘'인데, 그것의 공통 속성을 뽑아내서 '규정labeling'하고 판단judge하려 하는 것 같거든요. 역시 다시 문제는 재현represent의 문제로 넘어옵니다. 포스트모더니티를 무엇이라고 '설명'할 것인가 하는 문제에서 하비는 '1973년 정

치경제적 변동이라는 조건의 산물'이라고 이해하려는 것 같습
니다. 이것 역시 포스트모더니스트 입장에서 별로 달가운 해석
은 아닐 것이라고 생각합니다.

다음 글에서는 본격적으로 『포스트모더니티의 조건』에 대한
반론에 관해 살펴보겠습니다.

방시혁 의장과 뽀로로가 불가지론을 만나게 된 사연

지난 글에서 우리는 '재현'에 대해 알아봤어요. 말하자면 '재
현'이란 원래 '무엇을 가리키다'라는 뜻에서 왔고, 공간에 대입
해 보면 '공간의 재현'(공간이 무엇인가를 가리키다), 그리고 '재
현의 공간'(사람들의 민의를 대변하기 위해 공간을 만들어 내
다)이라는 은유까지 만들어 낼 수 있다는 점을 살펴보았습니다.
그냥 일상에서 공간을 통해 일어나는 모든 일들을 하비는 '공간
적 실천spatial practice'이라고 부릅니다. 이 개념들은 원래 앙리
르페브르에서 출발해 데이비드 하비에 의해 잘 활용되었고, 이
후 제법 많은 글귀에서 발견됩니다. 나중에 소개할 기회가 있
겠지만, 하비 교수에게는 두 든든한 동료가 있었어요. 한 사람
은 닐 스미스Neil Smith이고, 다른 한 사람은 에릭 스윙게도우Erik
Swyngedouw 교수이지요. 이들은 『포스트모더니티의 조건』을 비

롯하여 하비 교수의 서문에도 종종 등장합니다.

『포스트모더니티의 조건』은 진짜 쉽지 않은 책이에요. 역설적이게도 아마 이보다 논지가 명확한 책은 드물 거예요. 심지어 그는 자신의 주장을 한 문단으로 요약하여 책 첫머리에 떡 적어 놓기까지 했습니다. 그의 논지는 '포스트모더니티'라는 문화 양식의 변동은 1972~1973년을 전후로 자본주의의 축적양식의 변동(포디즘→유연적 축적 체제)에 따라온 일종의 산물이었다는 거예요. 하비 교수가 꼭 그랬다는 것은 아니지만, 마르크스주의자들에게 포스트모더니즘은 불편했음이 분명합니다.

왜냐하면 일단 그것 자체를 하나로 묶어서 이해하기가 어렵습니다. 예를 들어, 푸코와 장 보드리야르가 포스트모더니즘 하면 쉽게 떠오르는 학자이지만, 이 둘은 전혀 다른 것을 주장합

니다. 그럼 각자의 공통점과 차이점을 찾아보자고 생각해 보면, 그것조차도 엄청나게 의견이 갈릴 거예요. 더군다나 하비가 소개한 포스트모더니즘이라고 알려진 건축물조차도 그것들끼리 서로 어떤 관련을 맺는지 알기가 힘듭니다. 철학에서 이것은 '가지론(알 수 있다!)'의 세계에서 '불가지론(알 수 없다!)'의 세계로 돌아간 것이나 다름없을 수 있겠지요. 생각난 김에 이야기하면, 불가지론의 대표적인 철학자는 '데이비드 흄David Hume'이에요. 그리고 가지론의 대표적인 철학자는 이마누엘 칸트Immanuel Kant입니다.

학교 다닐 때 '윤리와 사상' 시간에 데이비드 흄은 회의론의 대표 주자라고 배웠을 거예요. 이 흄의 세계관은 아주 독특한데, '베이컨'이 건강한 경험론자라면, 흄은 극단적 경험론자입니다. 흄은 경험하는 것이 전부라고 생각했어요. 우리는 사회나 윤리 시간에 한 사람의 사상을 한두 줄로 요약해 배우지만, 사람의 생각은 예상보다 심오하지요. 흄이 딱 그런 사람이에요(생각해 보니 이 사람도 '데이비드'이고, 영국 사람이네요. 엄밀히 말하면 스코틀랜드 사람). 이 사람의 생각도 정말 재미있어요. 얼마 전 **하이브의 방시혁 의장**이 텔레비전 방송에 나와 세상의 본질은 알 수 없다는 **불가지론**에 대해 이야기했는데, 저는 이 말을 듣자마자 데이비드 흄을 떠올렸습니다.

흄의 생각에 우리가 세상으로부터 받아들일 수 있는 것은 감각자료sense data뿐이에요. 예를 들어, 공기가 어디에서 울리면 그 울리는 것이 공기라는 매질로 전달되고, 우리는 고막의 흔들림을 통해 소리라는 정보를 얻어 내며, 그 소리는 뉴런을 통해 뇌에 전달됩니다. 뇌에서는 그 정보를 받아들여 호르몬을 생성하기도 하고(기뻐서 혹은 슬퍼서), 아니면 어떤 행동을 취하도록 명령을 내리기도 합니다. 뇌라는 것은 나중에 또 이야기할 기회가 있겠지만, '행동을 통제하는control 기관'이지요.

자! 그럼 이렇게 생각해 봅시다. 우리는 경험을 통해 세상에 대한 자료data about the world를 가진 것은 사실입니다. 그런데 그렇다면 '그 세상'은 어디에 있는 것이지요? 플라톤 식으로 말한다면, 우리는 '그림자shadow'만 본 것이지 세상을 본 것이 아닙니다. 우리가 흔히 육감sixth sense이라고 하는 것이 과연 존재할까요? 그러니까 시각, 청각, 미각, 후각, 촉각 다섯 가지 기본적인 자료는 우리가 어떤 루트로 입력되는지 잘 알지만, 여섯 번째 감각, 즉 세상과 직접 소통할 수 있는 능력이 존재하느냐 이거지요. 이런 능력은 결국 다시 신비myth의 세계로 넘겨져 버립니다. 현대 과학은 육감이 없다는 것이 아마도 공식 입장일 거예요. 그런 면에서 과학은 신화를 대체한 측면이 있지요. 하지만 이미 배웠던 비판철학에서 살펴보았듯이, 근대성modernity

역시 이러한 확실성의 신화에 근거하고 있습니다.

하이브의 방시혁 의장은 한 방송에서 '불가지론'에 대해 이야기합니다. 그는 "모든 사람이 각각 다른 정보를 접하기 때문에 누가 누구를 논리로 설득하는 것은 불가능하다."라는 이야기였어요. 그리고 프로듀서이자 뮤지션인 박진영이 그 말에 매료되었다는 느낌의 이야기였지요. 방시혁 의장이 '미학과'를 나왔다고 합니다. '미학'이야말로 사실은 철학 중에서도 난이도가 극강인 부분이기도 하고, 학교에서 우수한 성적으로 졸업했다면 방시혁 의장은 데이비드 흄이나 발터 베냐민, 미셸 푸코, 데리다, 라캉 등 소위 포스트모더니즘 철학자들을 공부했을 것입니다.

방시혁 의장의 말은 사실 포스트모더니티의 철학을 말한 것과도 같습니다. 이들은 서로서로 자기들끼리도 무슨 이야기를 하는지 공통점이 없어 보이고, '서로 다름을 인정하자'는 이야기를 하거든요. 이것은 '모더니티'의 사고에 익숙한 사람이 보면 참으로 답답한 이야기입니다. 그래도 '답'이라는 것을 찾으려고 노력해야 하는 것 아니야? 누가 더 맞는지 대봐야 하는 것 아니야? 우리 인류는 뉴턴의 만유인력의 법칙을 알게 되었고, 아인슈타인의 상대성이론을 만들어 세상을 잘 이해하게 되었잖아, 응? 하지만 아인슈타인의 특수상대성이론은 GPS에서 시간과 거리 오차를 계산할 때도 사용되지만, 동시에 원자폭탄을 만드는 데에도 사용되었지요. 예를 들어, 핵폭탄을 만들 때 핵분열반응은 매우 빠르게 일어나기 때문에, 이 과정을 정확하게 계산하기 위해서는 특수상대성이론이 필요합니다. 그럼 "그 잘난 '근대성'의 결과라는 것이 결국 인류를 폭망하게 할 원자폭탄이라는 이야기야?" 이런 말도 성립이 되겠지요.

다시 불가지론으로 돌아와 봅시다. 사실 '포스트모더니즘'은 '불가지론'이라고 부르기에는 또 애매한 측면이 있는데, 아무튼 불가지론의 이야기를 끝내 보지요. 아마도 세상에는 '있는 그대로의 세상'이 있을 거예요. 그것을 편의상 '존재being'라고 불러 봅시다. 『포스트모더니티의 조건』을 읽을 분은 알겠지만, '생성becoming'이라는 개념도 나중에 등장하기 때문에 정신을 차릴 필요가 있습니다. 문제는 우리가 외부의 세계를 어떻게 인식할수 있느냐는 거예요. 그것이 바로 인식론epistemology이라는 학문 분야가 되는 것입니다. 흄은 인간이 얻을 수 있는 정보는 감각정보라고 보았고, 그 감각정보는 개별적 data일 뿐이지, 세상 그 자체를 알려 주는 것은 아니라는 거예요.

자, 예를 들어 봅시다. 우리는 별을 봅니다. 반짝반짝 작은 별 ··· 별은 반짝반짝 빛나지요. 하지만 별은 사실 빛나기는 하지만 반짝반짝 빛나지는 않아요. 별이 내뿜는 빛이라는 시각정보가 '대기'라는 매질을 거치면서 우리 눈에 들어올 때에는 흔들거리면서 들어오는 거예요. 수만 년 동안 인류에게 별은 그냥 반짝반짝하는 존재입니다. 누구도 그것을 의심하지 않았지요. 그런데 말입니다. 최근 우리는 천체물리학에 대한 지식이 깊어지면서 별이 반짝이는 것이 '대기'를 통해 정보가 오염contaminated되었다는 것을 알게 된 것이지요. 수만 년 동안 인류가 별의 본질에 관해 제대로 알지 못했던 것입니다. 이 정보는 근대에 '수정'이 됩니다. 그렇다면 우리가 보지 못하고 접하지 못한 수많은 것에 대해 어떻게 말할 수 있을까요? **우리는 상상력을 동원해 채워 넣을 수밖에 없습니다.** 그러면서 '외계인'도 만들어 내고, '뽀로로'도 만들어 내는 등 소위 '예술'이라는 것이 탄생하게 됩니다. 방시혁 의장이 미학과를 나왔다니, 아마 학교 다닐 때 공부를 열심히 했나 봅니다. 확실히 미학과 불가지론은 맞닿는 측면이 있습니다.

데이비드 흄은 한 가지 더 중요한 이야기를 합니다. "감각하는 나를 감각할 수 있는가?" 즉 주체subject에 관한 문제입니다. 어? 이거 어디서 많이 들어 본 이야기 아닌가요? 바로 러셀의 역설, 스스로 이발하지 못하는 이발사의 이야기에 관한 것이었어요. 흄은 아무리 노력해도 '감각하려는 자신'을 인식하는 것은 불가능했다고 토로합니다. 그러니까 근대 철학은 인식론의 덫에 빠져 버린 것이지요. 세상을 인식조차 할 수 없는데, 거기에 존재가 무엇인지, 가치가 무엇인지 알게 뭐지요? 일견 흄의 불가지론은 포스트모더니티와 강력한 연결고리를 가지는 것 같습니다. 실제 방시혁 의장도 그런 느낌으로 말하는 것 같아요. 흄이라고 딱 집어서 말하고 있지는 않지만 말입니다.

데이비드 흄의 불가지론 역시 인간을 포스트모던의 세계로 안내할 것만 같습니다. 그러나 그렇지 않다는 것이 아이러니입니다. 흄의 불가지론을 극복하기 위해 서양철학에서는 '가지론'이 발달합니다. 가지론의 대표 주자는 '이마누엘 칸트'일 것입니다. 칸트는 이미 여러 차례 다뤘지만, 인간에게 '선험a priori'이 있다고 생각했어요. 이 선험(先驗)에 대해 생각해 봅시다. 선험이란 넓은 의미에서 '먼저 한 경험'이지요. 그래서 우리가 블루투스 스피커를 한번 써 본 경험이 있다면, 그것이 '블루투스 스피커'라고 인식할 수 있습니다. 1990년대로 타임머신을 타고 돌아가 블루투스 스피커를 사용한다면 사람들은 깜짝 놀라겠지요. 그러니까 우리가 세상을 인식할 수 있는 것은 '선험' 덕분이라고 말해도 됩니다. 여기에서부터 데이비드 흄의 극단적 경험주의가 사실 조금씩 무너질 준비를 합니다.

우리는 데이터를 쌓아 가면서 세상을 인식합니다. 구석기 시대에 '별이 반짝인다'라는 정보가 있었다면, 지금은 '공기라는 매질에 의해 별이 반짝이는 것처럼 보이지만, 사실 별은 일정한

빛을 내뿜는다'라는 정보를 알게 되는 것이지요. 그런 식으로 인류는 지식knowledge을 축적accumulation하면서 세상에 대한 이해를 넓혀 갑니다. 여기에서 칸트는 한발 더 나아가 조금은 논란이 있을 것 같은 주장을 합니다. 인간은 기본적 '선험'을 가지고 태어나는데, 그 선험은 바로 '시간과 공간'에 대한 감각이라는 것입니다. 즉 누가 가르쳐 주지 않아도 인간은 시간이 흐른다는 것을 인식하고, 공간을 지각하는 능력을 가지고 있다는 것입니다. 이때 칸트의 공간은 **지리학에서 흔히 말하는 '지역'과는 다릅니다.** 어떤 '조건condition'으로서의 시간과 공간을 의미하지요.

우리는 선험이 있기 때문에 세상을 인식할 수 있고, 세상을 인식하면 결국 세상이 무엇인지 알 수 있다는 것이 칸트의 생각이었지요. 저는 개인적으로 흄은 너무 정직했고, 칸트는 다소 멀리 갔다고 생각합니다. '시간'과 '공간'이라는 조금은 낯선 단어를 가져와 불가지론을 엎어 버린 거예요. 좀 심하게 말하면, 비약이라고까지 느껴집니다. 왜냐하면 갓난아기가 '선험'이라는 것을 가지고 있다는 것을 누구도 증명할 수 없고, 그럼 선험은 또 어떻게 주어지느냐 하는 문제도 생기거든요. 어쨌든 칸트는 '시간과 공간'이라는 개념을 통해 근대 철학을 구해 냅니다. 그리고 이 시간과 공간은 나중에 마르크스에 가서도 '시간에 의한 공간의 소멸annihilation of space by time'이라는 엄청난 은유를 만들어 내고, 하비에 이르러서는 시공간 압축time-space compression이라는 불멸의 개념을 만들어 내기에 이릅니다.

아까 제가 흄을 '포스트모더니즘'의 원조로 분류할 수 있는지 잠깐 생각을 해 봤는데, 결론은 그렇지 않다는 것이었어요. 반면에 니체는 확실히 그런 측면이 있습니다. 니체는 합리성에 대한 예찬이 일종의 '신화'에 근거한다는 것을 이미 눈치챘어요. 그리고 『포스트모더니티의 조건』에도 등장하지만, 니체는 확실히 포스트모더니티의 생성과 관련이 있습니다. 일부 사람들은 니체의 '초인' 사상을 나치의 출현과 연결시키기도 하는데, 그것은 다소 상상력의 과잉이 아닌가 싶기는 합니다. 아무튼 흄은 오히려 '모더니스트'에 가깝다고 생각합니다. 그 이유는 흄의 사상은 결국 '경험론'에 근거하고 있기 때문이에요. 그리고 경험론은 나중에 '물질론', 즉 우리가 알고 있는 유물론과 연결되면서 마르크스 철학의 기반이 되기도 합니다.

우리는 흔히 대륙의 '관념론'이라는 표현을 쓰지요. 그때 관념론의 대가는 누가 뭐라고 해도 데카르트, 칸트, 헤겔이지 않겠어요? 관념론 역시 마르크스 철학을 이루는 하나의 요소이기는 합니다. 마르크스의 사상은 결국 헤겔의 변증법으로부터 나왔으니까요. 물론 마르크스를 연구하는 철학자들은 방금 이 문장에 동의하지 않을 수 있습니다. 어떤 사람은 마르크스가 헤겔을 뛰어넘어 독특한 무엇인가를 만들어 냈다고 할 수 있겠지만, 마르크스 철학의 기반은 독일관념론, 영국경험론, 그리고 경제학적으로는 고전경제학파의 노동가치론이 적절하게 섞여 있습니다.

하비는 마르크스가 '모더니티'를 가장 잘 이해한 사람이라고 단언합니다. 저도 고개가 끄덕여집니다. 모더니티의 요체는 자본주의이고, 마르크스는 자본주의를 평생 연구한 사람이었으니까요. 그런데 마르크스의 사상을 따라 공산주의 혁명을 준비하는 사람들에게 이런 '포스트모더니즘'은 어떻게 느껴졌을까요? 예를 들어, 방시혁 의장이 혁명가를 만난다면 뭐라고 말할까요? "세상에는 논리로 설득할 수 있는 것은 아무것도 없어. 그러니까 네가 세상에 대해 하는 생각도 하나의 생각일 뿐이야. 다른 사람들은 그렇게 생각하지 않아." 혁명가는 속이 뒤집어지겠지요? 마르크스의 『공산당 선언』은 다음과 같은 문장으로 끝납니다.

"만국의 노동자들이여, 단결하라!Proletariar aller Länder, vereinigt euch!"

잉? 서로 생각이 다른데 어떻게 단결하지요? 근대는 여기서 '해체'의 수순을 밟기 시작합니다. 이제 사람들은 개개인의 니즈needs를 찾아 움직입니다. 이제 동성애자, 장애인, 그리고 소외되었던 많은 사람들이 목소리를 내기 시작하지요. 어떤 사람에게는 평생 숙제가 자신의 성적 정체성sexual identity일 수 있고, 다른 사람에게는 자신의 '신체 능력의 부족'일 수 있겠지요. 더 이상 계급으로 세상을 나눠 자본가들에게 대항하는 논리가 성립되지 않게 되는 거예요. 그것을 드라마틱하게 한 문구로 요약하면 바로 '포스트모더니티'가 되는 것입니다.

마르크스 사상의 입장에서 이 '포스트모더니티'는 답답합니다. 왜냐하면 이것 자체가 계급투쟁의 동력을 무너뜨리거든요. 그래서 자유는 부르주아지의 이데올로기ideology일 뿐이다, 라는 식으로 말하기도 합니다. 데이비드 하비의 『포스트모더니티의 조건』 역시 비슷한 측면이 있어요. 포스트모더니티에 대해 데이비드 하비의 일관적인 입장은 "이해할 수 있다"는 것이고, 그것을 이해하기 위해서는 마르크스의 설명이 필요하다는 것입니다. 그리고 하비 교수는 '시공간 압축'이라는 기가 막힌 프레이즈phrase로 포스트모더니티의 조건을 설명해 냅니다.

요약하자면, '포스트모더니티'란 제각각 다른 니즈가 있는 개인이 서로를 합리적으로 설득하는 것은 불가능하다는 철학적 배경을 가지고 있는데, 하비 교수는 '포스트모더니티의 조건'을 물질적 변화(자본주의의 변신)로 설명하면서 포스트모더니티를 마르크스 철학으로 '설명해 낼 수 있다'고 말한 것이었어요.

하비의 설명은 참신하다고도 볼 수 있지만, 그 당시 마르크스주의자들을 대변한 것 같다는 느낌도 듭니다. 사실 당시 마르크스주의자들도 '포스트모더니티'란 이해할 수 있는 것이고, 이것 역시 포섭해야 혁명으로 나아갈 수 있거든요. 하비는 포스트모더니티를 포섭할 수 있는 명분을 설명해 준 셈이지요.

다음에는 『포스트모더니티의 조건』에 대한 반론을 한번 알아보겠습니다.

『포스트모더니티의 조건』에 대한 반론:
꿀벌의 노동과 인간의 노동

마르크스는 자본주의 모던화에 대해 가장 최초로, 그리고 가
장 완벽하게 설명한 사람이다(Harvey, 1991: 254).

지난 글에서는 『포스트모더니티의 조건』에서 나타난 철학적
배경에 대해 살펴봤습니다. 요약하면 포스트모더니티는 '불가
지성(알 수 없다)', 정확히 말하면 확실한 한 가지 재현 양식mode
of representation은 없다고 전제합니다. 그런데 이와 같은 구분은
불편합니다. 왜냐하면 마르크스 이론은 세상을 무엇인가 설명
해 낼 수 있다고 강하게 확신하고, 그 확신으로 노동자들의 행

동을 이끌어 내고 싶어 합니다. 그렇게 말하기 위해서는 수많은 반론들을 극복해 낼 수 있어야겠지요.

위 인용구에서 하비 교수는 갑자기 마르크스 이야기를 꺼냅니다. 마르크스야말로 근대화modernization를 가장 잘 설명한 사람이라고 추켜세웁니다. 이때의 하비 교수는 이제 더 이상『사회정의와 도시』를 썼던 하비가 아닙니다. 1973년의 데이비드 하비 교수는 아직 겨우(?) 마흔도 되지 않은 아주 젊고, 이제 막 마르크스를 본격적으로 읽기 시작한 교수였지요. 1989년의 데이비드 하비는 1982년 이미『자본의 한계』라는 책을 집필한 지도 제법 시간이 지난 50대 중반의 교수였습니다. 그리고 1975년과 1976년 파리로 안식년을 갔을 때를 제외하면, 매년 마르크스를 가르쳤습니다. 이제 하비 교수는『사회정의와 도시』때의 하비 교수가 아니고, 마르크스주의 용어를 자유자재로 구사할 수 있는 어엿한 학자가 되었습니다.

여러분도 잘 알겠지만, 마르크스도『경제학·철학 수고』를 썼을 때의 젊은 마르크스가 있고,『자본론』을 집필할 때의 성숙한 마르크스가 있습니다. 젊었을 때 마르크스는 경제학자보다는 철학자에 가까웠고, 자본주의가 인간 본성을 어떻게 소외시키는지 관심이 많았습니다. 마르크스가 생각했을 때 인간의 본질은 노동labor이라고 봤지요. 꿀벌의 노동과 인간의 노동이 다른 이유는 오직 인간만이 일을 할 때 '설계도' 같은 것을 그려 놓고 한다는 것입니다. 자연을 이용해 자신의 머릿속의 무엇인가를 만들어 내는 것은 인간밖에 없다는 것이지요.

자본주의 이전 사회에서 인간은 노동을 통해 자아를 실현할 수 있었어요. 하지만 자본주의 사회에서는 노동의 성격이 바뀝니다. 임금노동, 즉 화폐와 노동을 교환하기 시작하면서 구체적 노동concrete labor이 추상적 노동abstract labor으로 변해 버리는 거예요. 여기서 추상이라는 말에 주목해 주세요. 간략하게 말하자면, 구체적 노동은 '좋은 노동'이고 추상적 노동은 '나쁜 노동'입니다. 노동자들은 이제 전체 생산구조에서 자신이 어떤 부분을 어떻게 기여하는지, 전체는 어떻게 돌아가는지 알지도 못하면서 일하기 시작합니다. 그러한 노동은 인간을 소외시키고, 인간성을 파괴시킵니다. 마르크스가 처음에 주목했던 것은 바로 이런 '인간성'과 '소외' 그리고 '노동'의 복합 관계였던 것 같습니다.

세월이 흐른 뒤 마르크스는 이제 혁명이 어렵겠다고 생각하고, 대영도서관에서 『자본론』 집필에 몰두합니다. 마르크스는 본격적으로 자본주의를 철저히 해부하고자 합니다. 이 글에서 설명했듯이, 마르크스는 이론가답게 자신의 설계도를 먼저 제시해 놓고 '자본'을 집필하기 시작합니다. 데이비드 하비에게도 이 설계도『요강(또는 그룬트리세Grundrisse)』은 매우 중요했습니다. 왜냐하면 마르크스의 사상이 어디까지 발전할 수 있는지 보여 주는 단초 같은 것이었기 때문이에요.

마르크스 이후 마르크스 사상은 수많은 반론, 변화, 발전을 하게 됩니다. 러시아 볼셰비키 혁명에 이어 소련에서는 공산주의 국가 실험을 하기도 했고, 중국에서는 개혁개방과 함께 공산주의를 시행했으며, 우리 바로 위쪽에 있는 나라에서는 1인 독재에 기반한 공산주의를 시행했지요. 1968년에는 우리가 이미 여러 번 다뤘듯이, 68혁명이 있었어요. 이들은 나중에 폭력적인 성향을 띠기도 했지만, 전쟁 반대, 미국 반대, 퀴어 운동queer movement, 인종 시위 등 공통점이라고 보기 어려운 다양한 요구들을 사회에 하기 시작합니다.

세상이 자본가와 노동자로 나눠지고, 노동자가 자본가를 이기기만 하면, 프롤레타리아 독재를 기반으로 공산주의 사회로 이행할 수 있었다면 좋았겠지만, 세상은 생각보다 다양했어요. 이미 살펴봤지만, 비트겐슈타인에 영향받은 리오타르와 같은 철학자들은 언어를 무기로 하여 근대 철학의 기반을 뒤흔듭니다. 그람시Gramsci는 마르크스의 환원주의를 비판하고 문화 전략의 중요성을 강조합니다. 오스만 프로젝트가 근대성의 신화를 만들어 냈다면, 이제『미국 대도시의 죽음과 삶』같은 책을 쓴 제인 제이콥스Jane Jacobs와 같은 작가들이 주목받습니다. 획일성보다는 다양성이, 전체보다는 부분이, 중심보다는 탈중심이 대세가 된 시대가 된 것이지요. 이와 같은 변화를 '시공간 압축'에 의한 문화적 변동이라고 보는 것이 바로 데이비드 하비의 관점입니다.

이미 여러 차례 말씀드렸지만, 『포스트모더니티의 조건』의 논지 자체는 이해하기 어렵지 않습니다. 중요한 것은 이 책이 가지는 의의가 무엇이냐 하는 것입니다. 이 책은 데이비드 하비가 지금과 같은 인기(?)를 구가하게 해 준 책입니다. 물론 학문적으로는 그의 책 모두가 뛰어나지만, 이 책만큼 많이 읽히거나 팔리지는 않았습니다. 그리고 '시공간 압축'이라는 짧고 강력한 워딩으로 하비는 자신의 사상을 대중들에게 확실하게 각인시키지요. 데이비드 하비 하면 사실 '시공간 압축'과 '공간적 조정' 두 단어로 압축됩니다. 짧지만 강력합니다.

하지만 세상 이치는 아주 단순합니다. 이해하기 쉬우면 비판하기도 쉽지요. 『포스트모더니티의 조건: 문화변동의 기원에 대한 탐구The Condition of Postmodernity: An Inquiry in the Origins of Cultural Change』는 1990년대에 여러 차례 재출판된 베스트셀러였으며, 영국에서 가장 영향력 있는 신문의 하나인 『인디펜던트The Independent』에서 1945년 이후 출판된 가장 중요한 논픽션 작품 50선 중 하나로 선정했습니다.

이 책의 장점은 하비 교수의 엄청난 박식함입니다. 그는 플로베르와 보들레르를 인용하고, 푸코와 리오타르, 비트겐슈타인을 요약하며, 온갖 정치경제 사건들에 대한 해석을 늘어놓습니다. 그러한 모든 예시들은 물론 자신의 주장을 여러 각도로, 그리고 그의 표현에 의하면 "역사지리적 변증법"적으로 설명하기 위한 수단입니다. 이 책에는 영화 '블레이드 러너'에 관한 해석이 나오는데, 영화 마니아라면 한 번쯤 곱씹어 읽어 볼 만합니다.

이 책에 대한 사소한 불만 중 하나는 여성 나체가 찍힌 광고 혹은 사진을 수록한 것입니다. 물론 흑백이고, 지금 관점에서 보자면 엄청나게 노골적인 사진은 아니며, 또 철학적 의도를 가지고 수록한 것이 명백하지만, 일부 독자들에게는 불편할 수도 있었을 것입니다. 그리고 소위 '포스트모더니티'를 다룬다는 책이 '젠더감수성'이 부족하다는 불편함을 호소한 독자가 있었습니다(Melas, 2020).

스티븐 베스트Steven Best(텍사스 대학교 철학과 교수)는, 하비의 책은 생태학과 정치를 누락했다고 말합니다. 하비에게는, 계몽주의의 생태학적 측면을 간과하고 있으며, 포스트모던 이론과 환경 문제를 제대로 다루지 않는다고 비판했습니다. 말하자면 이런 것이지요. 마르크스 사상은 아무리 뭐라 해도 결국 인간 중심의 사고방식이며, 이와 같은 인간 중심의 사고방식은 그것이 사회주의가 되었든 자본주의가 되었든 생태적 위기를 초래한다는 입장입니다.

게다가 '정치'의 문제 역시 지적됩니다. 문화변동의 '조건'이 시공간 압축이라고 합시다. 그래서 하비의 주장을 받아들인다면, 우리는 무엇을 해야 하는 것일까요? 이 책은 뚜렷한 해답을 제시하지 않습니다.

그리고 시기 역시 문제가 됩니다. 1972년을 기점으로 자본주의에 어떤 변화가 있었던 것은 알겠습니다. 확실히 브레턴우즈 체제도 붕괴하고, 케인스 처방도 먹히지 않았으며, 우울해지기 시작한 시기였지요. 1980년대에 약속이나 한 듯이 보수 정권이 미국과 영국에 세워진 것도 우연은 아닐 것입니다. 소위 말하는 신자유주의가 시작되는 것입니다. 이와 같은 사회변동에 대한 설명은 그럴듯한데, 그것이 '포스트모더니티'라는 문화현상으로 옮겨진 부분에 대한 설명은 결국 느슨하게 남아 있을 수밖에 없다는 생각이 듭니다. 그리고 포스트모더니즘 사상의 원조 격인 니체, 비트겐슈타인, 리오타르 등은 확실히 1970년대 이전에 이런 포스트모더니티의 맹아가 싹트기 시작했다는 것을 보여줍니다. 1972년의 산물이 아닐 수도 있는 것이지요.

경제학자가 '시공간 압축'을 이해하지 못하는 이유

자, 이번 글에서는『포스트모더니티의 조건』을 드디어 마무리해 볼까 합니다.『자본의 한계』때도 마찬가지였지만, 이 글을 쓰면서도 저는 마냥 기분이 좋지만은 않습니다. 왜냐하면 책에 대한 책을 쓰는 것은 부질없는 짓이거든요. 그 책은 그 책 자체의 고유성authenticity을 가지고 독자를 만나야 합니다. 저는『자본의 한계』는 몇 번을 읽었다고 자부하지만, 무슨 챕터에 무슨 내용이 있었는지 모두 기억하지는 못합니다. 여러분이 이 글을 읽는다면『자본의 한계』의 구조에 대해 어느 정도는 이해할 만한 용기가 생길 수도 있을 것 같습니다. 이것이 이 글을 쓰는 이유이기도 합니다.

『포스트모더니티의 조건』도 마찬가지입니다. 그냥 바로 하비의 저작을 읽기 시작하면, (심지어 하비의 문법에 익숙하다고 생각하는 저조차도) 금방 난관에 부딪힙니다. 하비 교수가 언급하는 수많은 철학자와 문학자들, 영화와 소설들의 내용을 잘 모르면 길을 잃고 헤매게 됩니다. 저는 이 책을 다시 읽었는데, 아마 데이비드 하비에 대한 책을 쓰려고 마음먹지 않았다면 절대 다시 읽지 않았을 것 같습니다. 그러나 책을 읽고 보니, 하비 교수의 박식함에 놀라고, 정교하게 쓰인 문장들에 감탄합니다. 어쩌면 사람들이 '시공간 압축'에 대해 쉽게 이야기하는데, 그 과정을 논리적으로 이어 붙이기 위해 하비 교수가 엄청나게 분투 struggle했구나 하는 점을 알게 됩니다.

이제 『포스트모더니티의 조건』을 마무리해 보겠습니다. 사실 이 책의 논지에 대해서는 이미 여러 차례 이야기했기 때문에 별다른 정리가 필요할까 싶지만, 쓸 때마다 조금씩 다르게 이 책을 바라보게 된다는 점도 저자로서 흥미롭습니다. 지난번 글을 쓸 때만 해도 '방시혁과 뽀로로'가 등장하게 될 줄은 몰랐거든요. 한국의 2020년대를 살고 있는 저는 제 어린 시절의 경험ex-perience과 하비 교수의 고민이 만나는 지점들이 흥미롭습니다. 어렸을 때 제가 맡았던 최루탄의 냄새와 하비 교수가 볼티모어에서 1969년에 느꼈던 분위기가 비슷하다는 점도요.

사실 이 책의 주변적인 내용을 설명하느라 정작 '시공간 압축'에 관해서는 언급이 조금 부족했던 것 같습니다. 여기에서는 '시공간 압축'에 대해 한번 이야기해 보고, 『포스트모더니티의 조건』에 대한 대장정을 마무리하려고 합니다.

예전에 친한(?) 경제학자에게 데이비드 하비의 '시공간 압축' 개념을 소개한 적이 있었어요. 그러고 보니 저는 데이비드 하비에 대해 아는 경제학자를 거의 만나지 못한 것 같습니다. 하긴 저도 경제학자를 많이 모르니까요. 어쨌든 저는 데이비드 하비가 지리학에서 유명한 마르크스 사상가라고 소개하고, "자본주의는 위기 상황을 돌파하기 위한 해법으로 시공간 압축을 통해 문제를 해결한다."라는 하비의 논지를 설명했습니다. 제가 잘못 설명했는지도 모르겠어요. 그 경제학자는 도저히 이해가 되지 않는다는 표정을 지으며, "그건 언어를 **너무 비약적으로** 사용한 거 아닌가요?"라고 묻더군요. 저는 여러 가지 배경 설명을 곁들여 '시공간 압축'이 왜 지리학에서 그렇게 유명한 개념이 되었는지를 설명해 보려 했는데 실패했어요.

설명은 대략 이랬던 것 같습니다. 『자본의 한계』에서 충분히 다뤘듯이, 자본주의는 과잉축적overaccumulation으로 위기를 맞습니다. 사실 이 문장 자체가 광범위해서 공격의 대상이 되기

쉬운 측면이 있어요. 자본주의라면 19세기 자본주의와 21세기 자본주의가 같은 것인지, 그리고 '과잉축적'은 필연적인지, '과잉축적'은 '이윤율 저하'와 직접적으로 관련된 것인지 등, 수많은 의문을 낳습니다. 이윤율 저하의 법칙에 대한 하비의 입장은 다소 모호한데, 이 점은 비판의 대상이 되기도 합니다. 마이클 로버츠Michael Roberts와 같은 학자는 하비가 이윤율 저하를 자본주의 위기의 원인이라고 보지 않는다는 점을 끈질기게 물고 늘어집니다. 그가 보기에 마르크스는 '이윤율 저하'가 자본주의 근본 모순이라고 생각하는데, 하비가 '과잉축적'을 위기의 원인이라고 설명하니 불편한 것이지요.

하비가 과잉축적을 이윤율 저하보다 선호하는 것은 '전략적 선택'일 가능성도 크다고 저는 생각합니다. 하비는 실용주의자이거든요. 생각해 보세요. '이윤율 저하'가 자본주의의 근본 모순이라면, 자본주의는 이것을 극복할 방법이 없습니다. 케인스주의와 같은 단기 처방이 먹히지 않는다는 사실은 벌써 1970년대에 거의 완전히 실험이 끝난 상황이었어요. 1970년대 불황이 1980년대 신자유주의의 출현과 직접적인 연관관계가 있다는 것을 부인할 사람은 없을 것입니다. 나중에 하비 교수는 『신자유주의: 간략한 역사A Brief History of Neoliberalism』(2005)라는 책을 씁니다. 이 책도 『포스트모더니티의 조건』과 함께 엄청나게 많이 인용되는 책입니다. 지난번에도 말했지만, 이 두 책에 대해 하비 교수는 한 인터뷰에서 "왜 이 책들을 이렇게 열심히 인용하는지 잘 모르겠다."라는 식으로 말합니다.

하비 교수가 다루는 1970년대 초반은 이미 여러 차례 언급했지만, 사람들이 앞으로 경제에 대해 확신을 가지지 못하는 시기였어요. 영화 '리브 더 월드 비하인드'에서 이 대사가 나오지요. **"정말 무서운 건 아무도 이 상황을 통제하지 못한다는 거야."** 이와 같은 위기를 맞으면 자본주의 체제는, 그것이 이윤율 저하 때문이든 아니면 과잉축적 때문이든, 아니면 둘 다 때문이든 공간적 조정을 통해 문제 해결을 시도합니다. 가장 쉽게 말한다면 회전율turnover rate을 높이는 것이지요. 회전율이란, 우리가 식당에서 밥을 먹을 때 한 테이블에 몇 손님을 받을 수 있는지 하는 것을 생각하면 됩니다. 정보통신과 교통 인프라의 투자는 회전율을 높이는 데 기여합니다. 고속도로를 떠올려 보세요. 우리나라 경제성장의 상징과도 같은 존재가 바로 '경부고속도로'였잖아요. 물류의 유통이야말로 초반부 **회전율을 높임으로써** 경제를 성장시키는 원동력이었지요. 한국의 경우 '일일생활권'이라는 말이 이제는 새롭지도 않습니다. 이제 계획만 잘 짠다면, 일본 정도는 당일치기 여행으로도 다녀올 수 있는 환경이 되었어요. 이것을 '시공간이 압축'되었다고 하비 교수는 드라마틱하게 표현합니다.

그리고 경제학자가 이해하지 못하는 지점도 바로 이 지점이 었어요. 인프라에 대한 투자로 인해 물류 비용이 절감된다고 표현하면 되지, '시공간 압축'은 무엇을 지칭하느냐 하는 문제 제기이지요. 그리고 이것이 자본주의의 위기 탈출 수법이라기보다는, 그냥 경제가 성장하기 위해 물류와 정보통신기술에 대한 투자를 하는 것이 아니냐는 것입니다. 케인스가 말하는 재정정책을 통한 공황 극복과 '시공간 압축'은 어떻게 다른 것이지요? 아, 정확히 이 이유로 하비가 마르크스를 케인스 식의 '과소소비' 이론으로 전락시켰다는 것이 하비에 대한 비판 중 하나입니다(Best, S., Book Review).

저는 충격을 받았습니다. 왜냐하면 지리학이나 마르크스주의 논문에서 '공간적 조정'과 '시공간 압축'은 진짜 공기처럼 많이 인용되는 문구입니다. 아마 지금 이 글을 쓰는 이 순간에도 누군가 논문에 시공간 압축이라는 말을 쓰고 있을지 모르겠습니다. 그런데 이 유명한 문구를 다른 사람도 아니고 '경제학자'가 이해하지 못하겠다고 하는 것을 저는 이해하지 못했어요. 그리고 생각했습니다.

"'시공간 압축'이야말로 가짜 개념fictitious concept**이 아닌가?"** 이런 생각마저 들었어요. 하지만 오해는 하지 마세요. 저와 이야기한 경제학자가 모든 경제학자의 대표도 아니고, 모든 경제학자가 '시공간 압축'을 이해하지 못하는 것은 아닐 것입니다. 하지만 제가 대화를 나눈 경제학자는 박사까지 경제학을 제대로 공부하고, 대학에서 학부생과 대학원생을 대상으로 가르칠 만큼 경제학에 정통한 사람이었습니다. 그런 사람에게 '시공간 압축'이 낯설게 느껴진다는 것 자체가 저에게는 충격이었던 것이지요.

이미 답은 이 글에 있습니다. 하비의 '시공간 압축' 개념은 너무 많이, 자주 인용된 경향이 있습니다. 그리고 하비 교수가 『포스트모더니티의 조건』의 인기에 대해 다소 떨떠름하게 생각하는 이유도 여기에 있습니다. 『포스트모더니티의 조건』이 너무 자주 인용되는 바람에, '시공간 압축'은 마치 심지어 저에게조차도 **검증받지 않아도 되는** 개념인 것처럼 굳어져 버린 거예요. 이렇게 표현하면 조금 잔인할지 모르지만, 정밀한 AI 기계가 판치는 세상에서 망치와 같은 존재이지요.

망치는 집에서 못을 박을 때 사용할 수 있습니다. 어느 집에나 한두 개씩 있지요. 무엇보다도 망치는 액자 같은 것을 걸 때 아주 유용하게 사용됩니다. 망치는 산업현장에서 대부분 더 정밀한 기계로 대체되었습니다(물론 일부 산업현장의 어떤 부분에서는 아직도 사용되고 있겠지요). 이제는 가구를 만들 때도 망치보다는 못박는 기계를 따로 사용합니다. 총같이 생긴 거 있어요, 퓩 소리 나면서 못박히는 거. 어쩌면 '시공간 압축'은 망치처럼 에세이에 그럴듯하게 써먹을 수 있는 개념일지는 몰라도, 산업현장(치열한 경제현장)에서 사용될 수 있는 유효성이 남아 있을까 하는 점은 생각해 볼 필요가 있을 것입니다. 그래도 망치가 필요한 것처럼, '시공간 압축'이 우리에게 주는 유용성이 없어지는 것은 아닙니다.

하비 교수의 이론에 대한 검증은 얼마나 이뤄졌을까요? 사실 이것이 바로 제가 박사논문을 쓴 이유이기도 합니다. 저의 박사논문은 인천국제공항고속도로가 '금융자본'에 의한 민간투자 사업으로 건설 및 운용된 이야기를 다루고 있습니다. 그리고 협약서, 재무제표나 타당성조사 자료를 통해 '금융자본'의 수익률을 검증하는 것을 목표로 삼았었습니다. 일반화하기에는 너무나 미천한 결과이기는 하지만, 저는 적어도 하비 교수의 이론을 '검증'하는 시도에 의의를 두고 싶었어요.

『포스트모더니티의 조건』은 그런 점에서 아주 상징적인 책이라고 생각합니다. 이 책을 통해 '포스트모더니티'를 이해한다고 말할 수는 없을 것입니다. 이 책을 다 읽었다고 해서 포스트모더니티에 대해 좀 안다고 하비의 생각을 자기 생각인 것처럼 떠들고 다니면 욕을 먹기 딱 좋을 것입니다. 포스트모더니티를 이해하고 싶으면 푸코, 들뢰즈, 라캉, 소쉬르, 리오타르, 비트겐슈타인, 무엇보다도 니체를 읽어야 합니다. 그리고 시간이 된다면 장 보드리야르와 슬라보이 지제크도 읽어 볼 필요가 있지요. 이 글이 부디 '데이비드 하비를 어느 정도 알았다'고 생각하게 하는 글이 아니라, '아, 이제 용기를 내서 읽어 볼까?'라는 생각이 들게 하는 글이 되기를 바랍니다.

나가면서

사실 이 글의 원래 기획은 '데이비드 하비'의 생애와 사상을 이런저런 역사적 조건과 함께 풍부하게 공부해 보자는 데 있었습니다. 그 기획은 여전히 유효합니다.

소설가들은 가끔 "캐릭터들이 자기 마음대로 움직여요. 이때는 캐릭터들이 하는 말을 받아 적으면 됩니다."라고 말합니다. 신기한 경지예요. 가상의 캐릭터를 어떤 환경에 두면, 그 캐릭터가 할 법한 말이 정해져 있지요. 그리고 그 대사는 다른 캐릭터의 반응을 이끌어 냅니다. 그러면서 이야기는 작가가 원래 의도하지 않았던 방향으로 흘러가기도 합니다.

이 책을 쓰면서 저도 비슷한 것을 겪었습니다. 하비 교수의 박사논문이나 『지리학에서의 설명』(1969)은 정보가 너무 많지 않앞기 때문에 사실 남들도 알 것 같은 이야기밖에 쓸 수 없었습니다. 그런데『자본의 한계』와『포스트모더니티의 조건』은 번역본과 원본이 있고, 쓰다 보니 정말 수많은 배경지식을 만나게 되었지요.『사회정의와 도시』의 경우 번역본은 없지만 원서가 있기 때문에, 도대체 하비 교수가 1973년 마르크스를 공부하고 나서 어떤 느낌이었는지 생생하게 느낄 수 있었습니다.

　이 경험은 매우 중요했습니다. 왜냐하면 우리 모두는 대략적으로 데이비드 하비가『지리학에서의 설명』에서 논리실증주의 logical positivism(이 표현을 선호하지 않지만)를 집대성했다는 사실은 알고 있지만, 그 책에서 하비의 생각이 무엇인지 구체적으로 다룬 글은 만나기 힘들었어요. 이 책의 서문만 보더라도(물론 저는 서문만 보지는 않았지만), 피터 하겟, 리처드 촐리, 월도 토블러 등 정말 중요한 지리학자들과 하비 교수가 교류하고 있었음을 알 수 있습니다. 그뿐만 아니라 그때 하비 교수는 거의 혁명적이라고 할 정도로 자연과학적 방법론이 지리학 연구의 새로운 길이라고 느끼는 듯합니다. 이 과정이 그냥 단순히 '자연과학적 방법론의 도입' 차원이 아니라, 지리학에서의 '법칙', '이론', '패턴'이 무엇이고, 이것들이 자연과학적 방법론을 만나 어떻게 발전해 나가야 하는지에 대한 진지한 해석을 내놓습니다. 개인적으로 하비의 후속 저작들보다 이 책이 가장 논리가 명확한 책이 아닌가 하는 생각이 듭니다.

하비 교수가 존스홉킨스 대학교로 부임하면서, 영국에서 미국 볼티모어로 이사하고 68혁명의 향기를 맡게 된다는 것은 그의 학문 인생의 전환점을 마련해 줍니다. 사실상 이때가 '마르크스 사상가'로서 하비의 정체성이 만들어지는 시기입니다. 하비 교수는 인터뷰나 개인 회고에서 이 시기를 종종 언급합니다. 당시 1968년 볼티모어에서는 심각한 폭동이 있었기 때문에 이 뒷수습 역시 중요한 어젠다였습니다. 사회과학자들이 모여 볼티모어에서는 도대체 무슨 일이 일어났고, 또 이 문제를 해결하려면 어떻게 해야 하는지에 대해 조사 보고서를 쓰기 시작했으며, 데이비드 하비는 그 연구에 참여합니다. 이때 당시 하비 교수는 처음으로 마르크스를 읽게 되었는데, 도시의 '사용가치'와 '교환가치' 개념으로 볼티모어의 주택시장을 설명했더니 반응이 무척 좋았다고 합니다. 하비 교수는 일부러 그것이 '마르크스의 사상'에서 비롯되었다는 사실을 숨겼다고 합니다.

하비 교수는 존스홉킨스 대학교에서 『자본론』 1권 강독을 시작합니다. 몇 년이 지나고 하비 교수는 1973년 『사회정의와 도시』를 출간하게 되었어요. 고백하건대 저는 이런 책이 있다는 사실은 알고 있었는데, 시간 내어 뒤적이면서 읽어 본 것은 처음이었습니다. 이 책에서 조금 놀란 것은 하비 교수가 당시 『지리학에서의 설명』을 쓴 석학답게, 당시까지의 입찰지대론 이론을 충실하게 공부하고 있었다는 것입니다. 한국에서도 부동산학 교과서 등에 알론소의 도시 입찰지대론을 언급하지만, 입찰지대론과 게토가 무슨 관계인지, 알론소가 훌륭하게 설명했음에도 불구하고 그다지 알려지지 않았거든요. 하비 교수는 알론소의 입찰지대론을 훌륭하게 요약해 내고, 그보다 더 나아간 대안이 필요함을 역설합니다. 바로 입찰지대론의 폐기(?)이지요.

이때까지만 해도 하비 교수의 마르크스에 대한 깊이가 그렇게 깊지는 않았던 것 같습니다. 하비 교수는 『사회정의와 도시』에서 마르크스를 엄청나게 추켜세우고 있어요. 하지만 이 책에서 다룬 하비의 용어는 그다지 정교하게 느껴지지는 않았습니다. 그리고 마르크스의 사상은 여러 차례 언급했듯이 정말 깊고 넓기 때문에, '공간'과 '지대'라는 일부 주제만 가지고 마르크스를 이해했다고 보기는 어렵습니다.

하비 교수는 1982년에 본격적으로 마르크스 이론서를 냅니다. 그것이 바로 『자본의 한계』이지요. 『자본의 한계』는 하비의 이론 체계의 근간이라고 할 수 있습니다. 그는 마르크스의 『자본론』을 자기 방식대로 요약해 내고, 지대론을 거쳐 고정자본, 신용, 화폐, 금융, 공간까지 마르크스 이론을 확장합니다. 그리고 그 유명한 '공간적 조정spatial fix'이라는 개념을 만들어 냅니다. 그동안 마르크스는 '역사–유물론'이라고 명명되었다면, 하비에 이르러서는 '역사–지리 유물론'이라고 부를 수 있게 된 것이지요. 이 책은 앞으로 나올 『포스트모더니티의 조건』에서 다루게 될 개념과 이념적 토대를 제공합니다.

하비 교수가 영국의 옥스퍼드 대학교에 다시 돌아와 쓴 『포스트모더니티의 조건』은 여러모로 의미가 있는 작품입니다. 하비 교수가 그동안 공부해 온 지식의 양이 폭발한 작품이기도 하고, 그를 베스트셀러 작가로 만들어 준 작품이기도 합니다. 그의 비교적 단순한 논지 때문에 많은 오해를 불러일으켰던 작품이기도 하지요. 심지어 포스트모더니티의 미학을 설명한다면서 여성의 나체 이미지를 수록했는데, 이 부분에서 불만을 표시한 여성 독자들도 있었습니다.

『포스트모더니티의 조건』을 해설한다는 것은 고약하지만 흥미로운 작업입니다. 먼저 하비 교수의 글치고 쉬운 글은 없다는 것이 중론입니다. 아무리 짧은 글이라도 엄청나게 많은 배경지식을 동원하여 자신의 논지를 전개해 나가는 것이 하비 책의 특징입니다. 『포스트모더니티의 조건』은 논지가 명확한 책이라고 하는데, 논리를 따라가기는 쉽지 않았습니다. 보들레르, 플로베르, 발자크, 발터 베냐민, 푸코, 리오타르, 비트겐슈타인, 대니얼 벨, 하버마스 등 철학자와 문학자 이름이 쏟아집니다. 하지만 그 이야기의 결론에는 '마르크스'가 있습니다. 마르크스는 '모더니티'를 가장 잘 이해한 사람이며, 마르크스가 이해한 방식이 옳다고 하비는 주장합니다. 하지만 마르크스가 이 시대를 살지는 못했기 때문에 하비에게는 중간 개념들이 필요했어요.

　하비 교수는 그 중간 개념을 '조절학파'에서 차용합니다. 조절학파란 1970년대 프랑스의 아글리에타와 리피에츠 등 몇몇 정치경제학자들로, 자본주의의 조절양식mode of regulation을 이해해야 한다는 조절이론을 주장했습니다. 하비는 '포디즘', '유연적 축적 체제'라는 이들의 개념을 가져와 '포스트모더니티'라는 문화변동을 설명해 냅니다. 느슨하게 말하자면, 물적 조건이 포디즘에서 유연적 축적 체제로 이동하면서 '모더니티'가 '포스트모더니티'로 전환했고, 그 원년은 1972년쯤 된다는 이야기입니다. 그 과정에서 하비 교수는 '시공간 압축'이라는 기가 막힌 프레이즈를 만들어 냅니다.

　사실 글을 시작할 때, 과연 내가 '하비 교수'의 사상을 끝까지 따라가면서 요약할 수 있을까 하는 의문이 계속 들곤 했습니다. 하비 교수의 글을 읽고 이해하는 것도 벅찬데, 그것을 요약하고 정리해서 남들에게 "이것이 하비 교수의 생각이야."라고 말할 수 있을지 자신이 없었지요. 또 하나의 어려움은 하비 교수의 생각이 나이가 들면서 계속 변화, 발전한다는 점이었습니다. 하비 교수는 『모더니티의 수도, 파리』에서 역사지리 유물론적 방법론으로 파리를 조사합니다. 『희망의 공간』에서는 유토피아와 신체의 문제를 다룹니다. 나중에는 '도시에 대한 권리'로 관심사가 옮겨 갑니다. 결국 하비가 천착하고 싶은 것은 '자본주의의 모순'을 드러내면서 대안을 제시하고자 하는 것입니다. 이러한 일련의 과정을 모두 일목요연하게 정리하려면(그것도 이해할 만한 설명과 함께), 최소한 이와 같은 책이 몇 권은 필요하겠다는 생각이 들었습니다.

일단 이번 시도는 여기까지로 마무리하고자 합니다. 하비 교수 자신은 『자본의 한계』와 『모더니티의 수도, 파리』가 자신의 저작 중 가장 중요하다고 하지만, 가장 많이 인용되는 책은 『포스트모더니티의 조건』이거든요. 그리고 저의 설명은 20세기 역사에서 1989년 베를린장벽의 붕괴, 이어진 소비에트연방의 해체로 인한 자유주의 진영의 승리까지가 딱 적절해 보입니다. 그 이후 펼쳐진 아시아의 국지적 경제위기, 미국의 신경제new economy, 서브프라임 모기지로 비롯된 미국발 금융위기, 유럽의 재정위기, '월스트리트를 점령하라' 시위 등의 문제는 다른 맥락에서 한번 다뤄 봐야겠다는 생각이 들었습니다.

하비 교수의 생각이 변화하게 된 중요한 기점에는 68혁명이라는 세계사적 변동이 존재했고, 이후 케인스의 처방이 먹히지

앓기 시작한 1972년 석유파동부터 하비 교수의 마르크스 이론이 무르익는 시기였다는 것은 결코 우연이 아닐 것입니다. 하비 교수의 사상은 마르크스라는 큰 뿌리에 기대고 있으며, 마르크스의 사상은 사회, 정치, 경제, 철학, 문학, 예술 등 영향을 미치지 않은 곳이 없을 정도로 깊고 넓습니다. 하비 교수는 마르크스를 읽는 데 멈추지 않고, 지리학적 상상력을 동원해 공간의 정치경제를 설명할 개념적 도구—시공간 압축, 공간적 조정 등—를 만들어 많은 사람들에게 영감을 주었습니다. 앞으로 후대에서 그러한 설명들이 얼마나 오래 살아남을지 시간이 검증해 주겠지요. 여러분이 하비를 이해하는 데 이 글이 조금이라도 도움이 되었기를 바랍니다.

참고문헌

김우식, 2003, 배태성의 색깔: 연결망 전략의 사회구조, 한국사회학, 37(5), 131-160.

이재열·박경환, 2018, 초국적기업의 사회적 착근성에 관한 소고: 사업체계론을 중심으로, 한국지리학회지, 7(1), 85-96.

장 보드리야르, 이상률 역, 2007, 소비의 사회, 문예출판사.

Adorno, T. W. and Horkheimer, M., 1997, *Dialectic of Enlightenment*, vol. 15, Verso. (막스 호르크하이머·테오도르 W. 아도르노, 김유동 역, 2001, 계몽의 변증법, 문학과지성사.)

Davis, W. M., 1903, *Elementary Physical Geography*, Ginn. (https://babel. hathitrust.org/cgi/pt?id=mdp.39015006961992&seq=439)

Edmonds, D., & Eidinow, J., 2014, Wittgenstein's poker. Faber & Faber. (데이비드 에드먼즈 외, 김태환 역, 2001, 비트겐슈타인은 왜?, 웅진닷컴)

Engels, F., 2023, *Condition of the working class in England*. In British Politics and the Environment in the Long Nineteenth Century (31-38), Routledge. (프리드리히 엥겔스, 이재만 역, 2014, 영국 노동계급의 상황, 라티오, 64-65.)

Harvey, D., 1961, Aspects of agricultural and rural change in Kent, 1800-1900, unpublished Ph.D. dissertation, University of Cambridge.

Harvey, D., 1963, Locational Change in the Kentish Hop Industry and the Analysis of Land Use Patterns, *Transactions and Papers* (Institute of British Geographers) No.33, 123-144. (https://www.jstor.org/

stable/621004)

Harvey D., 1969, *Explanation in Geography*.

Harvey, D., 1973, *Social justice and the city*, Basil Blackwell Oxford.

Harvey, D., 1982, *Limits to Capital, Basil Blackwell Oxford*. (데이비드 하비, 최병두 역, 1994, 자본의 한계, 한울.)

Harvey, D., 1991, *The Condition of Postmodernity*, Blackwell. (데이비드 하비, 구동회·박영민 역, 1994/1995/1996/1997/1998/1999/2000, 포스트 모더니티의 조건, 한울.)

Harvey, D., 2001, Globalization and the "spatial fix", *geographische revue: Zeitschrift für Literatur und Diskussion*, 3(2), 23–30.

Harvey, D., 2004, *Paris, capital of modernity*, Routledge. (데이비드 하비, 김병화 역, 2019, 모더니티의 수도, 파리, 글항아리.)

Harvey, D., 2011, *The Anti-Capitalist Chronicles*, Verso.

Harvey, D., 2022, Reflections on an academic life, *Human Geography*, 15(1), 14–22(https://doi.org/10.1177/19427786211046291)

Lefebvre, H., 1968, *La vie quotidienne dans le monde moderne*, Paris: Gallimard, Collection "Idées". Trans. Sacha Rabinovitch as *Everyday Life in the Modern World*. Allen Lane The Penguin Press, 1971.

Lefebvre, H., 1968, *Le Droit à la ville*, Paris: Anthropos (2nd ed.); Paris: Ed. du Seuil, Collection "Points".

Lefebvre, H., 1974, *La production de l'espace*, Paris: Anthropos. Translation and Précis.

Maecuse, H., 2013, *One-Dimensional Man: Studies in the Ideology of Advanced Industrial Society*, Routledge.

Meek, R. L., 1977, *Smith, Marx and After*, London.

Mitchell, D., 2023, Beautiful impossibility: a fifty-year retrospective on Social Justice and the City and David Harvey's-and geography's-journey into Marxism. Scottish Geographical Journal, 139(3-4), 363-372.

Stigler, G. J., 1958, Ricardo and the 93% labor theory of value, *The American Economic Review*, 48(3), 357-367. (http://gesd.free.fr/stigler58.pdf)

〈인터넷 자료〉

조선일보, [세종시 3년, 길을 잃다] 주요시설 다 흩어진 세종시… 기재부~KDI까지 6km, 2015. 10. 11. (https://www.chosun.com/site/data/html_dir/2015/10/08/2015100 802328.html)

유튜브 Verso Books와의 인터뷰, 2023. 5. 11. (https://www.youtube.com/watch?v=svPLmkCYxaE) (https://www.youtube.com/watch?v=svPLmkCYxaE)

더페이머스피플 (https://www.thefamouspeople.com/profiles/david-harvey-7589.php)

데이비스의 일대기 관련 사이트 (https://ko.celeb-true.com/william-morris-davis-american-geographer-geologist-meteorologist)

Harvard Magazine, 2018 (https://www.harvardmagazine.com/2018/09/william-morris-davis-cycle-of-erosion)

Taylor, K. S. (https://www.d.umn.edu/cla/faculty/jhamlin/4111/2111-home/value.htm)

Harvey, 2023 인터뷰 (https://www.youtube.com/watch?v=svPLmkCYxaE)

Melas, N., 2020 (https://post45.org/2020/05/out-of-date-david-harveys
-the-condition-of-postmodernity-and-the-postmodern-
condition/)

Best, S., Book Review (https://pages.gseis.ucla.edu/faculty/kellner/
Illumina%20Folder/best2.htm)

〈이미지 자료〉

그림 2. 리차드 촐리 교수
https://upload.wikimedia.org/wikipedia/commons/thumb/5/54/
Richard_Chorley.jpg/220px-Richard_Chorley.jpg

그림 3. 침식윤회설을 주장한 윌리엄 모리스 데이비스
https://en.wikipedia.org/wiki/File:William_Morris_Davis.jpg

그림 5. 앙리 르페브르
https://en.wikipedia.org/wiki/Henri_Lefebvre#/media/File:Henri_
Lefebvre_1971.jpg

그림 6. 1968년 2월 베를린 시내에서 열린 베트남전쟁 반대 시위 장면
https://flexible.img.hani.co.kr/flexible/normal/970/822/imgdb/resi
ze/2018/0406/00502940_20180406.JPG

그림 11. 자본의 한계(번역본)
https://image.yes24.com/momo/TopCate05/MidCate02/416091.jpg

그림 12. 카를 마르크스
https://upload.wikimedia.org/wikipedia/commons/4/4a/Karl_Marx
_001_%28rotated%29.jpg

그림 16. 『포스트모던의 조건』을 쓴 리오타르 교수
https://en.wikipedia.org/wiki/Jean-Fran%C3%A7ois_Lyotard#/
media/File:Jean-Francois_Lyotard_cropped.jpg

그림 17. 오와 열을 칼같이 맞춘 선생님 시위대

https://pds.joongang.co.kr/news/component/htmlphoto_mmdata/
202309/03/42f9edc5-6d8d-4743-bc02-c0dfeec5506c.jpg

그림 18. 개선문을 중심으로 방사형으로 뻗은 도시
https://pds.joongang.co.kr/news/component/joongang_sunday/20
1611/06/23-1.png

그림 19. 에버니저 하워드의 세 자석 모양의 그림
https://upload.wikimedia.org/wikipedia/commons/thumb/5/55/
Howard-three-magnets.png/250px-Howard-three-magnets.png